꿈꾸는 바닷속 신도시

대한과학진흥회 엮음

스완미디어
SWAN MEDIA

책 머리에

오늘날 우리들은 고도로 발달된 과학 문명의 혜택 속에 살고 있습니다.

우리의 선진 조국 창조를 위해 무엇보다 중요한 것이 과학 기술의 개발입니다. 특히 자원이 부족한 우리나라에서 가꾸어야 할 유일한 자원은 과학 기술로 무장한 풍부한 인력 자원입니다.

대한 과학 진흥회에서는 배우는 학생들을 위해 사물을 깊이 관찰하는 습관과 합리적이고 창의적인 과학적 사고를 심어 주기 위한 방법의 하나로 과학 문고를 엮어 내고 있습니다.

과학 문고를 펴냄에 있어서 딱딱한 과학지식을 그림을 곁들여 쉽고 재미있게 이야기로 풀어 써서 학생들이 스스로 원리를 발견하고 재미를 느끼게 함으로써 과학의 여러 분야에 대하여 흥미를 갖고 접근할 수 있도록 하였습니다.

이 책과 더불어 많은 학생들이 과학에 깊은 관심을 갖고 탐구심과 창의력을 기르며 과학을 생활화 할 줄 아는 사람이 되는데 많은 도움이 되었으면 하고 바라는 마음 간절합니다.

기획편찬 **대한과학진흥회**

차례

신비한 해저지도 16

신나는 바닷속 세상 31

늘어나는 바다 밑바닥 땅 48

깊은 바다 밑바닥을 조사한 탐험가들 72

바닷가와 날씨 126

바닷물에서 먹을 물을 얻읍시다 152

신비한 해저지도

바닷가에 서서 수평선을 바라보면 하늘과 물이 맞닿는 곳에 일직선으로 선이 그어져 있는 것을 볼 수 있습니다.

바다 뿐만이 아니라 다른 어떠한 곳에 물을 담아두더라도 물이 담겨져 있는 윗 표면은 항상 평평합니다.

그렇다면, 이번에는 고개를 돌려 우리가 살고 있는 땅의 경치를 구경해 보도록 합시다. 우리가 살고 있는 땅의 표면도 물과 같이 평평한가요?

그렇지 않습니다.

우리가 살고 있는 땅의 표면은 산과 평야, 계곡 등이 어우러진 여러 가지 형태를 지니고 있습니다.

이러한 땅의 경치는 물만 가득 차 있는 바다의 겉모습보다 훨씬 아름다워 보입니다.

비록 이렇게 아름다운 땅의 경치지만, 바닷속의 경치와 비교해 보자고 한다면 부끄러워 얼굴을 돌려버릴지도 모릅니다.

그만큼 바닷속은 아름답고 신비합니다.

사람들은 바다 밑바닥이 오랜 세월 동안 물의 흐름에 깎이고, 육지로부터 흘러내려온 흙들이 쌓여 비교적 평평하게 생겼으리라고 생각합니다. 마치 물의 윗 표면이 평평한 것처럼 말이지요.

그러나 바다 밑바닥은 우리가 살고 있는 땅과 마찬가지로 여러 가지 모양을 이루고 있습니다.

놀랍게도 바다 밑 땅에는 산이 있고 골짜기가 있습니다.

또한 바다 밑에는 육지의 평야와 마찬가지의 평야

가 있습니다.

육지의 평야에서는 곡식이 자라지만, 바다 밑바닥 평야에서는 갖가지 해초와 바다 생물들이 자랍니다.

깊은 바다 밑바닥에는 화산도 있고 험한 산맥도 있습니다. 바다 밑바닥에 우뚝 버티고 서 있는 산맥을 해저 산맥이라고 부릅니다.

이처럼 가지각색의 모양으로 생긴 바다 밑바닥 땅을 신기한 모양의 바다 생물들이 제각기 뽐내며 다니는 풍경은 상상만 해 보아도 신비롭고 아름답습니다.

과학자들은 바다 밑바닥 땅을 깊이에 따라 대략 세 가지로 구분하여 부릅니다.

첫번째는 대륙붕입니다.

대륙붕은 육지에서부터 시작되는 언덕 모양의 바다 밑바닥을 가리키는 말입니다.

대륙붕의 깊이는200m입니다.

대륙붕은 바닷속에 비스듬히 누워 있는 언덕이라고 생각해도 좋을 뜻합니다. 육지와 맞닿아 바다가

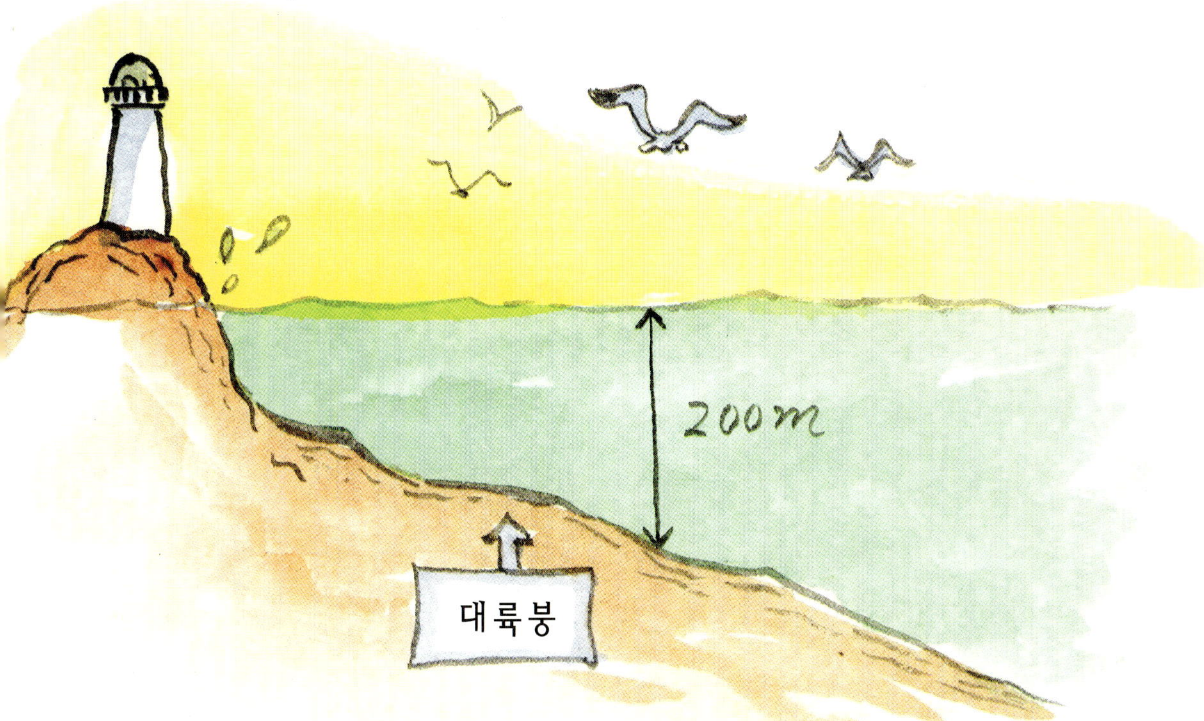

시작되는 곳에서부터 물 속으로 깊이 200m까지의 바다 밑바닥을 대륙붕이라고 부르는 것이니까요.

대륙붕이 많이 분포되어 있는 곳은 북해, 북아메리카 동해안, 파타고니아 동해안, 베링해 동부, 오호츠크해 북부, 동지나해, 남지나해 남부, 아라푸라해, 시베리아 북부 등지입니다. 이러한 곳에 있는 대륙붕은 그 폭이 매우 넓어 1,000km가 넘는 곳도 있습니다.

그러나 필리핀이 있는 태평양 서부와 남, 북 아메리카의 서해안, 아프리카 지역에 닿아 있는 대륙붕은 그 폭이 매우 좁습니다.

대륙붕에서 살고 있는 해양 생물은 무척 많습니다. 그래서 대륙붕을 '바다의 보물 창고'라고 부르기도 합니다.

과학자들은 대륙붕이 생긴 원인에 대해서 많은 연구를 합니다.

어떤 과학자는 대륙붕이 원래는 바다 밑 땅이 아니고 육지였다고 주장합니다.

이 과학자는 육지였던 곳이 바닷물로 덮여 대륙붕으로 된 원인을 다음과 같이 설명합니다.

"지구는 오랜 세월을 살아오면서 여러 차례의 빙하기를 지냈지요. 거대한 빙하는 일정 기간마다 햇빛에 의해 녹았습니다. 이 빙하가 녹은 물은 엄청난 양이었는데, 모두 바다로 흘러들었습니다. 당연히 바닷물의 양은 늘어나게 되었지요. 이 때 늘어난 바닷물은 육지의 얕은 지역을 덮어 버렸습니다. 그래서 물 속으로 잠긴 부분이 바로 대륙붕이지요."

이 과학자의 주장대로 원래 육지였던 곳이 물에 잠겨서 대륙붕이 생겨났는지, 아니면 다른 원인으로 생겨났는지에 대해서는 지구의 역사와 함께 앞으로도 계속 연구되어야 할 문제입니다.

바다를 연구하는 사람들은 대륙붕을 아주 관심 있게 관찰하고 있습니다.

대륙붕에는 사람이 살아가는데 필요한 여러 가지 이로운 것이 많이 있기 때문입니다.

그래서 어떤 나라이든지, 자기 국토와 연결되어 있는 대륙붕에 대해서 권리를 주장합니다. 또한 대륙붕을 개발하는데 많은 힘을 들이고 있습니다.

대륙붕을 비롯한 바다 밑바닥 땅에 묻혀 있는 자원을 해저 자원이라고 부릅니다.

이 해저 자원을 누구보다도 빨리, 그리고 많이 찾아내는 나라가 해양 개발의 선진국이 될 것입니다.

바다 밑 땅의 두 번째 부분은 대륙사면입니다.

대륙사면은 대륙붕의 끝부분에 있는 곳을 말합니다. 대륙붕은 언덕처럼 부드럽게 경사져 내려오는 곳이지만, 대륙사면은 그렇지 않습니다.

대륙사면은 대륙붕에서 갑자기 경사가 급해지는 곳입니다.

그래서 대륙사면을 '바다의 낭떠러지'라고 부릅니다.

대륙사면은 계단 모양으로 생긴 곳이 많습니다.

대륙붕에서 낭떠러지를 이루면서 내려오다 보면, 1,000m쯤 되는 깊이에 평평한 면이 있습니다. 이것을 바다에 있는 계단이라는 뜻에서 '해단'이라고 부릅니다.

세 번째는 깊은 바다 밑바닥입니다.

깊은 바다 밑바닥은 한자말로 '심해저'라고 부릅니다.

이 곳은 바다의 깊이가 보통 4,000m에서 6,000m에 이릅니다. 넓은 바다라면 밑바닥 땅의 대부분이 바로 이 심해저입니다.

깊은 바다 밑바닥 땅은 그 깊이를 정확히 측정할

심해어
심해 조류
해저산
해구
심해평원

수 없을 정도로 깊습니다. 깊이 6,000m가 훨씬 넘는 바다도 있기 때문입니다.

게다가 심해저에는 빛이 거의 들지 않기 때문에 한낮에도 땅 위의 깊은 밤처럼 주위가 아주 캄캄합니다.

깊은 바다 밑바닥 땅에는 화산섬도 있고 해저 산맥도 있습니다.

어떤 곳은 땅 위의 평야처럼 넓은 평원을 이루고 있는 곳도 있습니다. 이 곳을 '심해 평원'이라고 부릅니다.

심해 평원에는 여러 가지 해초들이 자랍니다. 이 곳에 사는 해초를 '심해 조류'라고 부릅니다.

이처럼 바다 밑 땅은 그 생김새에 따라 제각기 이름이 붙여져 있습니다.

바닷속 깊은 곳에 있는 골짜기는 '해구'라고 부릅니다.

바다 속에 산처럼 솟아 있는 바다 밑 땅을 '해저산'이라고 부릅니다. 이 해저산에는 많은 물고기가 살고 있습니다.

해저산은 육지의 산과 똑같은 모양을 하고 있습니다. 해저산에는 계곡과 봉우리가 있으며 바위도 있습니다.

넓은 바다에는 작은 섬들이 많이 있습니다.

이러한 섬들은 화산섬인 경우가 많습니다.

바다 밑에서 화산이 폭발하여 생긴 화산의 봉우리가 물 밖으로 얼굴을 불쑥 내민 것입니다.

그러나 화산섬이라고 해서 모두 봉우리가 물 밖으로 나와 있는 것은 아닙니다.

화산섬도 해저산과 마찬가지로 물 속에 잠겨 있는 것이 있습니다.

그렇다면 원래 바닷속에 있는 해저산과 바닷물 속에 잠겨 있는 화산섬은 어떻게 구별해야 할까요?

우리가 그 두 가지를 구별하기는 어렵습니다.

그것은 바다를 주로 연구하는 과학자들만이 구별해낼 수 있습니다.

다만 우리는 과학자들의 설명으로 해저산과 바닷속에 있는 화산섬을 구별하는 방법을 알 수 있습니다.

과학자들의 설명에 따르면, 해저산은 지구를 둘러싸고 있는 겉껍질이 움직이면서 생겨난 것이라고 합니다.

지구의 겉껍질을 '지각' 이라고 합니다.

우리가 보기에 지각은 튼튼하여 전혀 움직이지 않을 것같이 보입니다.

그러나 우리가 느끼지 못하는 사이에 지각은 제각기 땅의 특징에 따라 넓게 늘어나거나 좁게 줄어들고 있습니다.

참으로 신기한 일이지요?

우리가 딛고 있는 발 밑의 딱딱한 땅이 움직이고 있다니 말이에요.

이러한 지각의 움직임은 워낙 느리게 일어나고 있기 때문에, 우리의 감각이 미처 느끼지 못하는 것입니다.

바다 밑 땅은 주로 넓게 늘어나고 있는 쪽에 해당합니다.

사방을 향해 늘어나기만 하던 땅은, 더 이상 뻗어나갈 곳이 없게 되면 위를 향하여 높이 솟아오르게 됩니다.

이렇게 하여 생겨난 땅이 바로 해저산이라는 과학자들의 설명입니다.

화산섬은 앞에서 설명한 대로 바닷속의 화산이 폭발하여 생긴 것입니다.

바다의 깊이는 땅 위의 높은 산꼭대기 높이보다 그 길이가 더 깁니다.

땅 위에서 가장 높은 곳은 에베레스트 산인데, 그 높이가 8,848m입니다.

이것에 비해서, 바다에서 가장 깊은 곳은 그 깊이가 1만 1천 미터가 훨씬 넘는 마리아나 해구입니다.

그러므로 에베레스트산을 캐어다가 마리아나 해구에 담근다면, 아마도 에베레스트산이 마리아나 해구에 푹 잠겨 버리고 말 것입니다.

물론 이것은 길이로만 비교할 때 할 수 있는 말이지요.

만일 폭을 비교하여 말하고자 한다면, 여러분이 직접 백과사전을 찾아보도록 하십시오. 자기가 알

고자 하는 의문을 스스로 찾아보는 것도 즐거운 일이니까요.

바다의 평균 깊이는 3,795m인데, 태평양의 평균 깊이가 4,028m, 대서양의 평균 깊이가 3,332m, 그리고 인도양의 평균 깊이는 3,897m입니다.

2,000m 이상 되는 깊은 바다에서는 고기들도 살

지 못하며 해초들도 자라지 못합니다.

그래서 이렇게 깊은 바다를 '죽음의 들판', 또는 '죽음의 해저'라고 부르기도 합니다. 그러나 사람들은 이렇게 깊은 바다 밑바닥에 사람들이 살 수 있도록 해저 도시를 건설하려는 계획을 세우고 있습니다.

특히 심해 평원은 해저 도시를 건설하기에 딱 알맞은 조건을 갖추고 있는 곳입니다.

과학자들은 심해 평원을 탐사하여 그 결과를 연구하는데 노력을 기울이고 있습니다.

바다 밑 땅은 그 깊이에 따라 나뉘어진다고 앞에서 설명하였습니다.

육지에서 시작되어 바다 깊이가 200m 되는 언덕 모양의 바다 밑바닥을 대륙붕이라고 합니다. 이 대륙붕에는 많은 바다 생물이 살고 있으며, 해저 자원도 묻혀 있습니다.

대륙붕의 끝에서부터 시작되어 급경사를 이루는 바다 밑바닥을 대륙사면이라고 합니다. 대륙사면은 보통 계단 모양을 하고 있습니다.

깊은 바다의 밑바닥을 심해저라고 합니다. 심해저에는 골짜기인 해구도 있고, 해저산도 있습니다. 깊은 밤보다 더 캄캄한 심해평원도 있으며, 화산섬도 있습니다.

바다는 육지보다 훨씬 넓습니다. 지구는 육지가 30%이고 바다가 70%로 이루어져 있는 아름다운 별이거든요.

우리 사람들은 물 속에서 생활할 수 없도록 몸의 구조가 되어 있기 때문에 바다에 관해서 그리 많이 알지 못합니다.

그러나 땅의 넓이는 정해져 있고, 사람들의 숫자는 점점 늘어남에 따라 여러 가지 문제가 생겨나고 있습니다. 그래서 우리는 바다를 더욱 많이 알아야만 합니다.

잘 알려져 있지 않은 사실에 대해서 탐구한다는 것은 즐거운 놀이이기도 하지요.

이제부터 여러분과 함께 바다의 탐구를 시작하도록 하겠습니다.

신나는 바닷속 세상

지금의 세상은 몹시 복잡합니다.

땅의 넓이는 일정하고, 사람의 숫자는 자꾸 늘어나기 때문입니다.

사람들은 편리하게 살기 위해서 많은 물건들을 만들어 냅니다.

먼 거리를 빨리 가기 위해서 자동차를 만들고, 빨래를 쉽게 하기 위해서 세탁기를 만듭니다.

사람들은 갖가지 물건을 만들어 내지만, 이 물건

들이 차지할 땅까지는 준비하지 못했습니다.

그래서 좁은 땅은 사람들이 만들어 낸 물건들이 차지하는 자리로 더 좁아져 버렸습니다.

자꾸 좁아지는 땅을 고무줄처럼 잡아 늘릴 수는 없는 것일까요?

사람들은 땅을 넓힐 수 있는 방법에 대해서 열심히 연구하기 시작했습니다.

과학자들은 무한히 넓은 우주에 대해서 연구하기 시작했습니다.

우주에는 셀 수 없이 많은 별들이 있습니다. 그 별들을 개발한다면 지구의 사람들이 살 수 있는 환경으로 바꿀 수 있을는지도 모릅니다.

그러나 우주의 별들은 지구와는 너무 멀리 떨어져 있어서 연구하기가 어렵습니다.

그래서 사람들은 다른 방법을 생각해 내어야만 했습니다.

과학자들이 우주 다음으로 연구하기 시작한 것은 바다입니다.

사람은 바다 속에서 살 수 없습니다.

그러나 바다 위에 섬을 만든다면 그 위에서는 살 수 있을 것입니다.

이것은 바다 위를 떠다니는 뗏목을 보고 생각해 낸 것입니다.

바다 위에 섬을 만들어 건설할 도시를 해상 도시라고 합니다.

해상 도시를 제일 처음으로 생각해 낸 나라는 영국과 일본입니다.

이 두 나라는 사방이 바다로 둘러싸인 섬나라이기 때문에, 다른 나라보다 더 국토 문제에 대한 연구를 열심히 해야만 했던 것입니다.

1958년 영국과 일본에 의해 해상 도시가 제의된 후로, 지금에 이르러서는 상당한 단계까지 연구가 진전되었다고 합니다.

해상 도시를 한번 상상해 보기로 합시다.

우선 잠실 종합 운동장보다 몇백 배 더 넓은 종합 운동장들이 바다 위에 떠 있다고 생각해 보십시오.

해상 도시의 건설은 적어도 가로 20km, 세로 20km 이상의 넓은 땅을 바다 위에 띄우는 것으로

부터 시작됩니다.

그만큼 넓은 땅을 바다 위에 섬처럼 일부러 만드는 것입니다.

이 인공섬 위에 집과 공장을 짓고 학교와 관공서도 세우는 것입니다.

해상 도시에는 육지에서 날라 온 흙을 덮고, 바위도 쌓아 인공 동산을 만듭니다. 어린이 놀이터도

꾸미고 동물원도 만들어 육지의 동물을 이사시킵니다.

해상 도시에 심을 나무나 풀은, 소금기가 많은 바람에 잘 견디도록 품종을 개량해야 합니다.

해상 도시 위에는 인공위성을 설치하여 본국과의 연락을 취할 수 있도록 합니다.

해상 도시를 건설하는데는 여러 가지 어려움도 따릅니다.

태풍이 불거나 파도가 세게 칠 때에 바닷물의 흐름을 따라 해상 도시가 떠내려가 버릴 수 있기 때문입니다.

만일 해상 도시가 바닷물의 흐름을 따라 제멋대로 떠다닌다면, 미국의 해상 도시가 소련 앞바다에 가 있을 수도 있고, 영국의 해상 도시가 일본 앞바다에까지 흘러올 수도 있을 것입니다.

이렇게 된다면 나라들 간에 복잡한 문제가 쉴 새 없이 일어날 것입니다.

그래서 해상 도시가 마음대로 움직일 수 없도록 무거운 닻을 많이 내려 두어야 합니다.

해상 도시의 둘레에는 수백 개의 수중 맨션 아파트를 지어 마치 병풍처럼 해상 도시를 둘러싸게 합니다.

영국과 일본에서 계획한 것에 따르면 수중 맨션 아파트의 한 동에는 200가구가 살 수 있도록 설계되었다고 합니다.

수중 맨션 아파트는 원기둥 모양으로 지어집니다.

이 원기둥 아파트의 높이는 보통 300m에서 500m 정도입니다.

수중 맨션 아파트 단지에는 백화점도 있고 오락실도 있습니다. 학교와 병원도 세워지게 됩니다.

수중 맨션 아파트에 있는 학교는 미니 분교입니다. 학생들은 컴퓨터 모니터 앞에 앉아 공부를 하게 됩니다.

보통의 날씨에는 원기둥 모양을 한 수중 맨션 아파트의 1/3 정도가 바다 밖으로 나와 있을 것입니다.

그러나 만약 날씨가 나빠지면, 원기둥 모양의 아파트들은 모두 바다 속으로 잠수를 하게 됩니다.

이 아파트의 창문들은 물이 밀어내는 힘을 견디도록 튼튼하게 만들어졌습니다.

아파트 한 동은 마치 하나의 원기둥처럼 움직입니

다.

원기둥이 움직이듯이 수중 맨션 아파트는 마음대로 바닷속 깊이 잠수하거나 아니면 바다 위로 불쑥 떠오를 수 있습니다.

수중 맨션 아파트의 옥상에는 헬리콥터 착륙장이 있습니다.

수중 맨션 아파트에 사는 사람들은 헬리콥터를 타고 옆 동의 아파트로 놀러 가거나, 육지로 나들이를 갑니다.

수중 맨션 아파트의 제일 아래층에는 잠수함 창고가 있습니다.

수중 맨션 아파트에 사는 사람들은 모두 자가용 잠수함을 가지고 있습니다.

자가용 잠수함을 타고 바닷속을 산책한다면 얼마나 신이 날까요?

수중 맨션 아파트에 사는 사람들의 직장은 대부분 해상도시에 있습니다.

사람들은 헬리콥터나 잠수함을 타고 해상도시로 출근합니다.

쉬는 날이면 가족들과 함께 바다 밑바닥 산맥이나 바다 밑바닥 목장으로 나들이를 갑니다.

수중 맨션 아파트를 중심으로 꾸며진 도시를 수중 도시라고 합니다.

수중 도시는 항상 해상 도시와 밀접한 관계를 맺고 있게 되므로 해상 도시의 위성 도시가 됩니다.

수중 도시의 밑에는 원자력 발전소를 세워 수중 도시와 해상 도시에 필요한 전기를 공급합니다.

또한 먹을 물을 만드는 공장도 세워져야 합니다.

이 공장에서는 바닷물을 끌어들여 소금기를 빼고, 먹을 수 있게 된 물을 해상 도시와 수중 도시로 보냅니다.

바다 속을 달릴 교통 기관들에 대한 연구는 활발히 진행되고 있습니다.

바다 속에 해저 마을이나 수중 도시 농장과 목장을 건설하게 되면 이들 사이를 자유롭게 다닐 수 있어야 합니다.

이렇게 바다 속을 다니는 교통 기관을 수중 교통 기관이라고 말합니다.

수중 교통 기관 중에서 가장 인기 있는 것은 수중 열차입니다.

수중 열차는 진공 터널 속을 시속 200km로 달리게 될 것입니다.

진공 터널은 국내선과 국제선으로 나뉘어 수중 도시 사이를 연결하는 터널입니다.

수중 열차는 한 대의 기관차가 10량의 객차를 달고 달리는데, 주연료는 원자력입니다.

한번에 많은 승객을 싣고 빠른 속도로 달리는 수중 열차의 모든 조작은 컴퓨터로 이루어지게 됩니다.

수중 열차가 다니는 진공 터널은 투명한 플라스틱으로 되어 있습니다.

그러므로 수중 열차로 여행하는 사람들은 차창 밖으로 멋진 바닷속 구경을 할 수 있습니다.

땅 위의 터널 속을 지나가다 보면 일정한 간격으로 가로등이 켜져 있는 것을 볼 수 있습니다.

진공 터널에도 특수 광선을 이용한 형광 가로등을 설치합니다.

이 가로등은 바닷속 풍경을 더욱 멋있게 보여 줄 것입니다.

육지에 살고 있는 학생들은 수중 도시로 수학여행을 오게 될 것입니다.

바닷속 세계로 들어와 수중 열차를 타고 산호초 숲이나 해저 계곡, 해저 산맥을 다니며 수중 관광 학습을 하게 될 것입니다.

진공 터널 속을 다니는 수중 열차의 정거장은 각 나라의 수중 도시에 연결되어 있습니다. 그러므로 자기가 내리고 싶은 도시의 번호를 의자 옆에 달려 있는 컴퓨터에 입력시켜 자동적으로 내릴 수 있습니다.

우리가 높은 건물의 엘리베이터를 탈 때, 자기가 내릴 층의 숫자 단추를 누르면 엘리베이터가 자동적으로 멈추어 문을 열어 주는 것과 같은 이치입니다.

수중 열차가 정거장에 멈추면 열차의 천장에서 반원형의 뚜껑이 내려와 의자를 덮습니다.

그러면 진공 터널의 아래쪽 문이 열리며 의자가

서서히 바닷물 속으로 내려가는 것입니다.

의자를 덮은 뚜껑은 곧 작은 잠수함으로 변하여 수중 터미널로 들어갑니다.

대합실에서 기다리던 사람이 수중 열차를 타는 방법도 이와 같습니다.

작은 잠수함을 타고 열차가 다니는 진공 터널 안으로 들어가면, 잠수함은 뚜껑으로 변하여 의자까지 사람을 옮겨 줍니다.

수중 열차에 탄 사람들의 차표를 검사하거나 정거장을 관리하는 일은 모두 수중 로봇이 합니다.

다른 일들은 모두 컴퓨터에 의해서 처리됩니다.

바다 속을 다니는 택시는 잠수 비행정입니다.

잠수 비행정에는 다섯 명이 탈 수 있습니다.

이처럼 잠수 비행정은 사람을 많이 태울 수 없기 때문에 널리 쓰이지 못합니다.

만일 잠수 비행정을 많이 만들어 모든 사람이 잠수 비행정을 타고 다닌다면 바닷속은 온통 잠수 비행정 천지가 되어 버리고 말 것입니다.

그래서 잠수 비행정보다는 수중 열차를 이용하는

것이 훨씬 편리할 것입니다.

수중 열차나 잠수 비행정보다 훨씬 더 뛰어난 성능을 가진 것이 잠수 비행 로켓입니다.

이 잠수 비행 로켓은 먼 바다를 갈 때 이용되는

교통 수단입니다.

잠수 비행 로켓은 물 속에서 한 시간에 500km를 달릴 수 있습니다.

아주 먼 거리를 가야 할 때에는 물 밖으로 나와 날아갈 수도 있습니다.

그 속도는 아주 빨라 소리가 지나가는 것보다 3배나 빠르다고 합니다.

잠수 비행 로켓은 한꺼번에 100명의 승객을 태울 수 있습니다.

잠수 비행 로켓의 조종은 바다 밑에 있는 관제소나 바다 위에 있는 관제탑에서 하게 됩니다.

물론 잠수 비행 로켓 안에도 조종사가 탑니다. 그러나 이 조종사는 로켓이 출발하고 멈출 때만 기계를 조작합니다.

잠수 비행 로켓의 연료는 원자력과 압축 액체 연료입니다.

로켓의 기능을 보충해 주기 위해서는 태양열을 충전한 전기를 사용합니다.

그러므로 잠수 비행 로켓은 반드시 1주일에 한번

씩 바다 밖으로 나와 햇빛 에너지를 저장해야 합니다.

선진국에서는 벌써부터 해저 관광지를 개발하여 외화를 벌어들이고 있습니다.

수중 열차와 진공 터널을 설치하여 바닷속 풍경들을 보여 주는 것입니다.

바다 생물의 신기한 모습, 물고기 떼의 장엄한 대이동, 19세기부터 20세기 사이에 침몰한 배의 모습 등을 구경하는 것은 생각만으로도 가슴이 설레입니다.

바닷속을 여행하면서 관광하고자 하는 사람이 늘어날수록 바닷속을 개발하는 연구는 더욱 박차를 가하고 있는 것입니다.

늘어나는 바다 밑바닥 땅

과학자들은 우리가 살고 있는 지구에 대해서 여러 가지 연구를 합니다.

우리들이 생활하고 있는 곳은 지구의 바깥 부분입니다.

여러분도 다 알고 있듯이 지구는 둥근 공 모양으로 생긴 별입니다.

지구의 겉모양을 살펴보면, 물과 땅으로 이루어져 있는 것을 알 수 있습니다.

지구의 겉표면은 물이 70%, 땅이 30%의 비율로 이루어져 있습니다.

이와 같이 지구에는 우리가 자유롭게 숨을 쉬며 살 수 있는 땅보다, 물이 모여 있는 바다가 훨씬 넓습니다.

하지만 더욱 놀라운 것은 지구는 아주 많은 신비를 가슴에 품고 있다는 사실입니다.

지구를 겉모양뿐만이 아니라, 깊은 속까지 들여다보며 관찰한다면 우리는 무척 놀랍고 신기한 점을 찾아 낼 수 있습니다.

그래서 어떤 과학자들은 지구에서 너무 반한 나머지, 평생동안 지구를 연구하며 살아가기도 합니다.

지구는 어느 한두 사람이 연구하기에는 너무도 벅찹니다.

지구는 아주 넓을 뿐 아니라, 구조도 매우 복잡합니다.

그래서 많은 과학자들이 지구의 구조에 대해서 연구합니다.

과학자들은 지구를 여러 부분으로 나누어, 자기가 흥미 있는 부분에 대해서 연구를 합니다. 그리고는 가끔씩 많은 과학자들이 한자리에 모여 자기가 그동안 연구한 지구의 구조에 대해서 이야기를 나눕니다.

바다를 연구한 과학자들은 자기가 알아낸 바다의

비밀을 다른 여러 과학자들에게 이야기합니다.

육지를 연구한 과학자들 역시 땅의 신비를 이야기합니다.

과학자들이 모여 자기가 연구한 내용을 서로 이야기하다 보면 새로운 사실이 밝혀지기도 합니다.

그래서 많은 비밀을 간직한 채 살아오던 지구도, 이제는 가슴을 열고 모든 것을 우리 인간들에게 보여 줍니다.

지구의 가장 깊은 곳에는 이글거리는 불덩이가 있습니다.

틈만 나면 밖으로 터져 나오려고 기회를 엿보고 있는 이 불덩이의 이름은 마그마입니다. 마그마는 다른 말로 핵이라고도 부릅니다.

이 무서운 불덩어리는 아주 단단한 바위의 성질을 지니고 있는 틀로 싸여 있습니다.

마그마를 싸고 있는 층을 맨틀이라고 합니다.

우리가 눈으로 볼 수 있는 지구의 겉표면인 육지나 바다는 이 맨틀 위에 놓여 있는 것입니다. 지구의 겉표면을 지각이라고 합니다.

과학자들은 거대한 지구를 장난감만하게 줄여 모형을 만듭니다.

작은 지구의 모형을 책상 위에 놓고 분해나 조립을 하면서 지구의 비밀을 캐어내는 것은 무척 흥미로운 일입니다.

지금으로부터 130여 년 전인 1858년, 스나이더라는 과학자는 지구의 모형을 놓고 이리저리 조립을 하다가 놀라운 사실을 발견해 내었습니다.

스나이더는 지구 모형의 바다에 이리저리 놓여있는 육지들 중에서 두 개를 들어내었습니다.

스나이더가 들어 낸 두 개의 육지는 아프리카 대륙과 남아메리카 대륙이었습니다.

스나이더는 무심코 자기 손에 들린 두 개의 대륙 끝을 맞대어 보았습니다.

그런데 이게 웬일입니까?

두 개의 대륙은 이제까지 그렇게 맞추어 주기를 기다리고 있기나 한 듯, 딱 들어맞는 것이었습니다.

특히 아프리카의 서해안과 남아메리카의 동해안

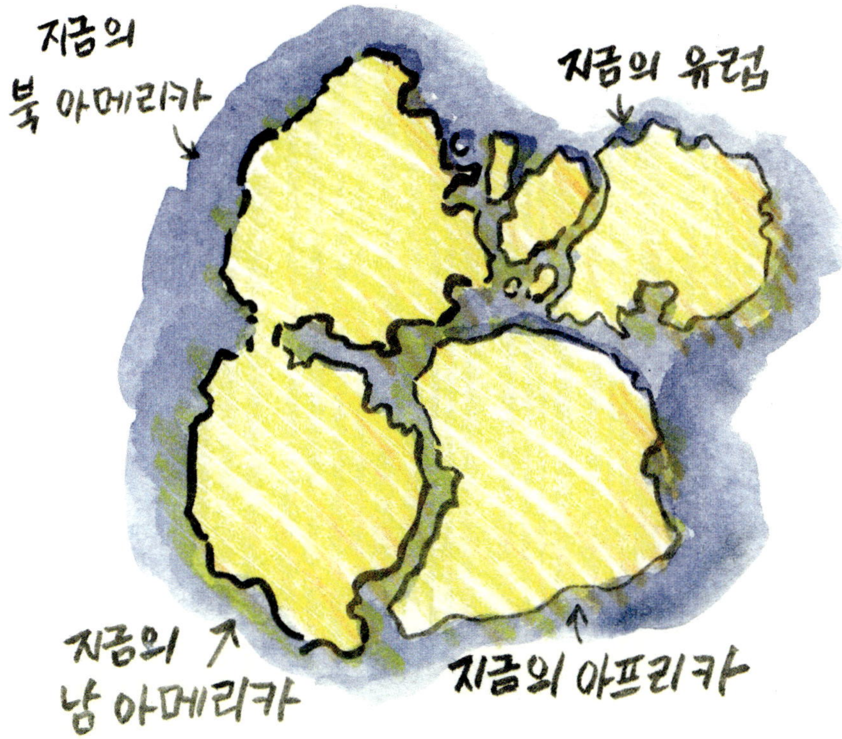
지금의
북 아메리카
지금의 유럽
지금의
남 아메리카
지금의 아프리카

은 마치 블럭 맞추기를 하는 것처럼 정확하게 들어맞는 것이었습니다.

스나이더는 이 놀라운 사실을 염두에 두고 육지의 구조에 대해서 열심히 연구하여, 새로운 사실을 발표하였습니다.

"지구 위에 있는 모든 땅들은 처음에 하나로 붙어 있었습니다. 하나의 거대한 대륙으로 모두 붙어있던 땅들이 어떠한 힘에 의해서 서로 떨어져 나간 것입니다. 나뉘어진 땅들은 바다 위를 움직여 지금의 여섯 대륙으로 자리잡게 된 것입니다."

스나이더의 발표에 지구를 연구하는 과학자들의 모임은 벌집을 쑤셔 놓은 듯이 술렁거렸습니다.

과학자들은 스나이더의 발표를 놓고 자기 방식대로 연구하기 시작했습니다.

1912년, 베게너라는 과학자는 스나이더의 발표를 바탕 삼아 자기가 연구한 결과를 발표하였습니다.

"지구 위의 땅들이 모두 붙어 하나의 거대한 육지를 이루고 있었다는 스나이더의 말은 옳습니다. 원래 지구의 표면은 딱딱한 맨틀 위에 떠 있는 상태입니다. 그러던 것이 여러 개로 나뉘어 수평으로 바다 위를 떠다니다가 지금의 위치로 자리잡은 것입니다. 지구의 대륙을 움직이게 한 힘은 지구 중심에서 끌어당기는 힘인 구심력과 바닷물의 흐름에 따라 생기는 조석력입니다.”

베게너는 자기의 주장을 정리하여 ‘대륙이동설’이라고 제목을 붙였습니다.

베게너의 주장을 설명하여 보면 다음과 같습니다.

지구에는 여러 가지 종류의 힘들이 있습니다. 이 힘들은 어떠한 물체 하나를 놓고 제각기 자기 방향으로 끌어당깁니다.

지구가 어떠한 물체이든지 자기 중심으로 데리고 오려고 잡아당기는 힘을 우리는 중력이라고 합니다.

힘은 사람의 눈으로 볼 수 있는 것이 아닙니다.

어떤 종류의 힘들은 분명히 보이지는 않지만 느낄 수는 있습니다.

예를 들어 친구와 힘 겨루기를 한다고 합시다.

덩치가 크거나 작거나, 몸의 구조는 같습니다.

서로 같은 몸의 구조를 맞대고, “시작!” 신호에 맞추어 힘을 쓰기 시작하면 우리는 두 사람이 내는 힘을 느낄 수 있습니다. 어느 정도의 시간이 흐르면, 많은 힘을 낸 사람이 상대방을 밀어내게 됩니다.

지구가 자기 쪽으로 잡아당기는 힘인 중력 역시 우리 눈으로 볼 수는 없습니다.

지구 위에 있는 물체라면 무엇이든지 이 중력에 의해 지구 중심으로 잡아당겨지고 있습니다.

사람도 중력에 의해 지구 중심으로 잡아당겨지고 있습니다. 나무나 풀도 마찬가지입니다. 동물도, 공기도 마찬가지입니다.

이 중력을 발견한 사람은 유명한 뉴톤입니다.

뉴톤은 사과나무 밑에 앉아 있다가, 나무에서 떨어지는 사과를 보고 생각하여 중력을 발견해 낸 것이라고 전해집니다.

“사과가 매달려 있던 나무에서 떨어져 나왔다면, 하늘로 높이 날아가 버릴 수도 있을텐데, 왜 꼭 땅으로 떨어지는 걸까?”

뉴톤은 이 의문을 풀려고 연구를 시작하여, 중력이라는 힘이 존재한다는 것을 알아내었습니다.

하지만, 사과가 땅으로 떨어질 때 있었던 힘은 중력뿐만이 아닙니다.

지구가 자기 중심 쪽으로 사과를 잡아당겼듯이 사

과 여기저기 중심을 향하여 지구를 잡아당겼던 것입니다.

다만, 사과에 비교할 수 없을 정도로 지구가 컸기 때문에 사과가 지구 위로 떨어진 것입니다.

장난감을 사 달라고 가게 앞에서 떼를 쓰며 엄마를 잡아당기는 아기와 어서 집에 가자고 아기를 끌어당기는 엄마의 모습을 상상해 본다면 쉽게 알 수 있을 것입니다.

아기가 엄마를 끌어당기는 힘은 엄마가 아기를 끌어당기는 힘보다 훨씬 약하지요? 그래서 결국 아기는 엄마를 따라 집으로 가게 되는 것입니다. 힘으로만 비교한다면 말이지요.

만일 지구의 크기만한 사과가 열리는 사과나무가 있고, 그 사과나무에서 사과가 떨어진다면 어떻게 될까요?

아마도 서로 자기 중심을 향해 잡아당기는 힘이 비슷해서 사과와 지구는 일정한 간격을 유지한 채 공중에 떠 있을 것입니다.

지구는 태양을 중심으로 하여 일정하게 돌고 있는

데, 사과의 힘에 의해 약간의 궤도 이탈을 할지도 모릅니다.

시간이 흐르면 공중에 떠 있던 사과의 수분은 점점 증발할 것입니다. 그렇게 되면 사과가 지구를 잡아당기는 힘은 줄어들게 됩니다. 사과는 천천히 지구 위로 떨어져 내리겠지요. 지구만큼 큰 사과가 쪼그라들기 시작하면서 땅으로 내려앉기까지는 몇 년의 세월이 걸릴지 아무도 모릅니다.

그 결과를 알려면 해결해야 할 문제가 너무 많거든요.

우선 지구만큼 큰 사과를 기를 수 있도록 유전공학부터 연구해야 하겠지요.

이처럼 동그랗게 생긴 물체가 자기 중심 쪽으로 어떤 물체를 잡아당기는 힘을 원심력이라고 합니다.

바다는 바다끼리, 땅은 땅끼리 모여 있던 지구의 표면이 지구가 중심으로 잡아당기는 힘에 의해서 나뉘어졌고, 바닷물의 흐름에 따라 육지가 흘러 다니다가 지금의 위치에 자리를 잡게 되었다는 것이 베게너의 대륙이동설입니다.

베게너는 각 대륙들이 지구의 원심력에 의해서 적도 쪽으로 움직이고 있다고 설명합니다. 바다의 흐름에서 생기는 힘인 조석력은 각 대륙들을 서쪽으로 밀어내고 있습니다. 그래서 지구 위의 각 대륙들은 지금도 바다 위를 아주 조금씩 떠다니고 있다는 것이지요.

이렇게 바다 위를 떠다니던 대륙들은 오랜 시간이 흐르면 다시 만나게 됩니다.

대륙과 대륙이 만나면 서로 반갑다고 쾅 부딪칩니다.

서로 부딪친 대륙의 모서리들은 위로 치솟게 마련입니다. 이렇게 해서 생긴 것이 바로 산맥이라는 것이 베게너의 설명입니다.

세계에서 제일 규모가 크다는 알프스 히말라야산맥은 유라시아 대륙이 아프리카 및 인도 대륙과 충돌하여 생긴 산맥이라고 합니다.

베게너의 주장에 맞추어 세계의 대륙 모형을 가지고 블럭 맞추기를 해 보면 거의 잘 들어맞는 것을 알 수 있습니다.

또한, 화석이나 지구 안에 있는 자석의 힘도 베게너의 주장을 뒷받침해 줍니다.

많은 과학자들은 베게너의 대륙이동설을 무척 재미있게 듣고 나서, 몇 가지 의심스러운 문제를 생각해 내었습니다.

그 중에서도 가장 중요한 문제는 지구의 원심력과 조석력이 대륙을 움직일 수 있을만큼 크지 못하다는 것입니다.

과학자들은 이 문제를 풀기 위해서 연구에 몰두하기 시작했습니다.

1960년대 초가 되어 새로운 학설이 발표되었습니다.

지구의 중심에서 이글거리고 있는 불덩이를 싸고 있는 층을 맨틀이라고 한다는 것은 앞에서 설명하였습니다.

지구 전체를 놓고 본다면, 맨틀이 차지하는 비율이 82%입니다. 그러니 맨틀의 두께가 어느 정도 될 것이라는 것은 쉽게 짐작해 볼 수 있습니다.

이처럼 맨틀은 아주 두껍지만 불덩이를 싸고 있기 때문에 열기를 받아 온도 변화가 심합니다.

즉, 마그마에 가까운 부분의 온도는 약 5000℃

정도이며, 지각에 가까운 부분은 약 1℃의 온도를 나타내고 있습니다.

맨틀에 대해서도 과학자들이 연구를 계속하고 있지만, 아직도 잘 알려지지 않은 사실이 많습니다.

맨틀은 아마도 철과 마그네슘이 섞여 있는 바위일 것으로 짐작되고 있습니다.

맨틀의 바로 윗 부분은 바로 우리가 딛고 사는 지구의 겉껍질인 지각입니다.

지각의 두께는 육지가 평균 40km, 바다 밑바닥이 평균 11km입니다. 그러므로 육지보다 바다 밑바닥이 맨틀과 훨씬 가깝습니다.

또한 육지에 해당하는 지각의 성분에는 단단한 화강암이 대부분이며, 그 구조도 매우 복잡합니다.

그러나 바다 밑바닥에 해당하는 지각의 성분은 열에 의해서 영향을 많이 받는 현무암으로 이루어져 있으며, 그 구조도 거의 일정한 편입니다.

이러한 이유 때문에 육지의 지각보다 바다 밑바닥의 지각이 열로 뜨거워져 있는 맨틀의 영향을 많이 받게 됩니다.

즉 바다 밑바닥 땅은 맨틀에서 올라오는 열기로 조금씩 늘어나고 있는 것입니다.

지구의 대륙이 움직이는 이유를 연구하던 과학자들은 이와 같은 생각을 정리하여 '해저확장설'이라는 제목으로 발표하였습니다.

해저확장설을 주장한 사람은 헤스라는 과학자입

니다.

그 이후로 디이츠와 윌슨 등의 과학자들이 헤스의 생각에 동감하여 해저확장설을 연구하였습니다.

과학자들은 얇은 바다 밑바닥을 뚫고 올라온 맨틀의 물질이 굳어 바다 밑바닥의 땅이 점점 늘어나고 있다는 사실도 알아내었습니다.

해저확장설은 지금까지 연구되어 오고 있으며, 대륙이 움직이는 이유로 거의 타당하게 받아들여지고 있습니다.

바다 밑바닥이 늘어나고 있기 때문에 상대적으로 육지는 바다 밑바닥에 밀려다닐 수밖에 없다는 것이 해저확장설의 내용입니다.

바다 밑바닥은 1년에 대략 1~100cm 정도의 속도로 늘어나고 있으며, 태평양, 대서양, 인도양 및 북극해의 밑바닥에서 자꾸 생겨나고 있습니다.

특히 태평양과 대서양에서 바다 밑바닥이 자꾸 늘어나고 있기 때문에, 그 곳에 해저 산맥들이 많이 있다고 과학자들은 설명합니다.

바다 밑바닥이 자꾸 늘어나다 보면, 대륙지각과 해양지각이 언젠가는 만나게 됩니다. 이 두 개의 지각이 만나면 강한 충격이 일어나게 됩니다.

그래서 대륙지각이 해양지각에 밀려서 움직이거나, 아니면 해양지각이 대륙지각의 밑으로 들어가게 됩니다.

이런 일이 생겼을 때, 바다 밑바닥은 깊게 패여

해구가 생기게 됩니다.

반대로 대륙의 땅은 위로 솟아올라 높은 산맥을 만들어 내는 것입니다. 남미의 안데스산맥은 바로 이렇게 해서 생겨난 것입니다.

산맥은 두 개의 대륙이 만나 부딪쳤을 때도 생깁니다.

유라시아 대륙과 인도 대륙이 만나 충돌하였을 때에는, 인도 대륙이 유라시아 대륙의 밑으로 들어가 박혔기 때문에 유라시아 대륙의 끝이 솟아오르게 되었습니다.

이 때 솟아오른 유라시아 대륙의 끝이 바로 지금의 히말라야 산맥입니다.

해저확장설은 바다 밑바닥 땅의 생김새로도 증명되어지고 있습니다.

깊은 바다 밑바닥의 생김새는 측정하기가 무척 어려웠습니다.

물 속으로 깊이 들어갈수록 사람은 수압을 견디기가 힘들어집니다. 수압이란 물이 밀어대는 힘을 말합니다. 뿐만 아니라, 깊은 바다 속은 햇빛이 들지 않아 한치 앞도 볼 수 없을 정도로 캄캄합니다. 그러므로 사람이 직접 들어가서 깊은 바닷속을 조사할 수는 없습니다.

1920년대에 이르자 소리를 이용해서 바닷속을 조사할 수 있는 기계가 발명되었습니다. 바로 음향측심기입니다.

음향측심기에 의해서 깊은 바닷속의 비밀이 서서히 벗겨지기 시작했습니다.

과학자들은 제2차 세계대전이 진행되고 있을 때에도 바닷속을 조사하고 있었습니다.

1959년에는 과학자 히이젠 등이 대서양에 있는 해저 산맥을 조사하였습니다.

1960년에는 맨너어드라는 과학자가 태평양에 있는 해저 산맥을 조사하였는데, 이 때의 해저 산맥들은 높이가 2~4km, 너비가 1~4km 정도의 크기였다고 합니다.

이 해저 산맥들은 대칭을 이루며 서 있었으므로, 바로 이 곳에서 해저확장이 일어나고 있을 것이라고 과학자들은 생각했습니다.

바다 밑바닥으로 흘러나온 맨틀은 땅의 넓이를 양쪽으로 늘려 나가기 때문에, 자연히 왼쪽과 오른쪽의 경치가 대칭을 이루게 되는 것입니다.

지구의 표면은 항상 일정하므로 늘어나는 곳이 있으면 반대로 줄어드는 곳이 있게 마련입니다.

해저 산맥이 있는 곳은 바다 밑바닥 땅이 늘어나

고 있는 곳입니다.

그렇다면 땅이 줄어들고 있는 곳은 어디일까요?

그 곳은 바로 바다 밑바닥 땅의 깊은 골짜기인 해구입니다.

해저 산맥이 있는 곳에서 늘어난 땅은 천천히 대륙을 움직이면서 이동합니다.

오랜 세월에 걸쳐 이동한 바다 밑바닥 땅은 해구에 도착하면 골짜기 밑으로 빨려들어가게 됩니다.

골짜기 속으로 들어간 땅은 다시 맨틀 가까운 곳까지 내려가게 됩니다.

오랜 세월에 걸쳐 바다 밑바닥 땅에 퇴적되어 있는 화석들도 이러한 해저확장설의 증거가 됩니다.

근대의 과학자들은 베게너의 대륙이동설과 다른 학자들의 해저확장설을 합하여 '판구조론'이라는 이론을 생각해 내었습니다.

즉 지구의 겉껍질은 크게 나누어진 몇 개의 판으로 이루어져 있다는 것입니다.

그 판들은 제각기 운동을 하고 있는데, 그 운동하는 방향과 성질에 따라 대륙이 이동하고 바다 밑바닥이 늘어나게 된다고 합니다.

판들은 쉬지 않고 움직이고 있으며, 각 판들이 이동함에 따라 일어나는 지각의 변화는 판의 모서리에 해당하는 부분에 한정될 뿐이라고 과학자들은 설명합니다.

이유야 어쨌든지 간에 바다 밑바닥이 계속 늘어나고 있는 것만은 틀림없는 사실입니다. 바다 밑바닥이 계속 늘어나고 있으므로, 우리가 살고 있는 대륙들은 조금씩 밀려다니고 있는 것이지요.

바다의 힘은 이처럼 위대한 것인 듯합니다. 높은 산과 넓은 평야가 있는 무거운 땅을 아랑곳하지 않고 밀어대고 있으니 말이에요.

깊은 바다 밑바닥을 조사한 탐험가들

예로부터 사람이 살아온 곳은 큰 강의 주변이나 바닷가였습니다.

사람들은 원시적인 통나무 배를 저어 물로 나아가 물고기를 잡고, 해초를 건져 먹었습니다.

처음에는 얕은 바다로만 오가던 우리의 선조들은 차츰 바다에 익숙해짐에 따라 더 먼바다로 나아가게 되었을 것입니다.

또한 바다 위로만 다니던 것에 만족하지 않고, 바

닷속을 탐험해 보고자 하는 마음이 생겨났습니다.

사람이라면 누구나 모르는 세계에 대해서 알고 싶어하는 기본적인 욕심이 마음 속에 자리잡고 있습니다.

그렇다면, 제일 처음으로 바닷속을 탐험한 사람은 누구일까요?

그것은 알렉산더 대왕이라고 합니다.

알렉산더 대왕은 기원전 356년, 마케도니아라고 하는 작은 나라의 왕자로 태어난 사람입니다.

알렉산더는 23살 때 그리이스의 최고 사령관으로 임명되었습니다.

알렉산더의 활약은 무척 뛰어났습니다.

알렉산더는 익소스 전쟁에서 페르시아 대군을 쳐부수고, 북쪽으로는 코카서스를 정복했습니다. 동쪽으로는 인도, 남쪽으로는 이집트까지 정복하여 드넓은 알렉산더 제국을 이룩한 영웅입니다.

오랜 전쟁을 치른 후, 알렉산더 대왕은 무척 지쳐버리고 말았습니다. 싸움도 싫증나고 정치에도 지친 것입니다. 배를 타고 바다 위를 왔다갔다하는

일에도 질력이 나고 말았습니다.

"옳지, 이번에는 바닷속이다! 바닷속의 세계는 얼마나 아름다운지 직접 들어가서 확인해 보자!"

알렉산더 대왕은 바닷속으로 들어갈 계획을 세웠습니다.

알렉산더 대왕은 유리 상자를 만들었습니다. 그리고는 그 유리상자를 매달아 바닷속으로 들여보낼 튼튼한 끈도 만들었습니다.

알렉산더 대왕이 바닷속에서 활동한 것은, 마치 신화처럼 전해져 내려오고 있습니다. 이것은 알렉산더를 존경했던 사람들이 대왕의 업적을 과장하여 이야기했기 때문에 내용이 불어나고 불어나서 후세에 전해져 내려오게 되었을 것입니다.

어쨌든 전해져 내려오는 이야기에 따르면, 알렉산더 대왕은 100m 깊이의 바닷속에서 무려 80일 간이나 있었다고 합니다.

또한 사흘을 헤엄쳐 다녀야 끝이 보이는 엄청난 크기의 바닷뱀과 맞서서 싸우기도 했다고 전해집니다. 해저의 궁전도 보았다고 합니다.

그러나 이러한 사실들을 모두 믿을 수는 없습니다. 오랜 세월에 걸쳐 전해져 내려온 이야기이기 때문입니다.

이디오피아의 어떤 조각가는 바다 밑바닥에 서 있는 알렉산더 대왕의 초상화를 화려하게 그려서 남겨 놓았다고 합니다. 알렉산더 대왕이 바닷속에 들어가서 탐험 활동을 벌인 일만은 정말로 있었던 일인 듯합니다.

사람이 바닷속으로 들어가서 마음대로 돌아다니며 탐험을 할 수 없게 몸의 구조가 이루어진 것은 참으로 불행한 일이 아닐 수 없습니다.

만약 사람이 오랫동안 숨을 멈추고 바닷속으로 들어간다면 어떤 일이 벌어질까요?

제일 먼저 귀 안에 있는 얇은 막인 고막이 터지게 될 것입니다.

사람은 물이 밀어내는 힘을 견뎌 낼 수 없기 때문입니다.

그래서 옛날 사람들이 생각해 낸 것이 바로 사람이 들어갈 수 있는 튼튼한 껍데기를 만드는 것이었

습니다.

알렉산더 대왕이 유리상자 안에 들어갔던 이유도 바로 이 수압을 견디기 위해서였습니다. 수압이란 물이 밀어내는 힘을 말합니다.

또한 사람은 물 속에서 숨을 쉴 수 없습니다.

물고기들은 아가미로 물 속에 있는 공기만을 걸러

내어 숨을 쉴 수 있습니다.

하지만, 사람이 숨을 쉬는 기관인 허파는 아가미와 같은 역할을 하지 못합니다.

사람이 물 속에 있는 공기를 섭취하기도 전에 끝없이 밀려들어오는 물에 숨이 막혀 버리기가 쉽습니다.

그래서 아리스토텔레스라는 사람이 생각해 낸 방법이 있습니다.

즉, 항아리를 거꾸로 숙여서 공기를 잔뜩 담습니다.

공기가 가득 든 항아리의 입구를 막고 물 속으로 가지고 들어갑니다. 그리고는 물 속에서 항아리의 입구를 터뜨립니다.

그리고 잠수하는 사람들은 스트로우를 이용해 항아리 속에 있는 공기를 빨아 마시며, 물 속을 탐험한다는 것이었지요.

어떠십니까?

지금 우리가 보기엔 아주 우스꽝스러운 생각에 불과할 뿐이지만, 옛날 사람들은 이 방법을 생각해 내기 위해서 무척 고민했을 것입니다.

이런 생각들을 거쳐서 오늘날의 우수한 잠수 기구가 발명되었으니, 그 고민이 헛된 것은 절대로 아닌 것입니다.

17세기가 되자, 이탈리아 사람인 로니에는 새로운 잠수 기구를 발명하였습니다.

직육각형 모양의 방을 만들고, 그 방에 공기를 공급할 수 있도록 길다란 호스를 설치하였습니다. 그리고 벽에는 몇 개의 구멍을 뚫어 가죽으로 만든 주머니를 달아 놓았습니다.

이렇게 만든 방을 물 속에 집어넣고, 호스를 물 밖으로 빼어 공기를 공급하였습니다. 방안에는 네 사람이 들어가 관측할 수 있었습니다.

탐험가들은 벽에 뚫린 구멍에 달린 가죽 주머니로 손을 넣어 물 속으로 뻗어 볼 수 있었습니다.

이렇게 만든 로니에의 잠수 기구가 물 속에서 얼마나 많은 활약을 했는지는, 알려진 이야기가 없어 확인하기 어렵습니다.

그 후 150년이 지나자, 이번에는 영국 사람 레스

브리지가 로니에의 잠수 기구를 더 간단하게 고쳐서 세상에 내 놓았습니다.

레스브리지는 우선 상자 밑에 무거운 추를 달아 물 깊숙히 잠수할 수 있도록 만들었습니다. 단단한

줄에 매달려 물 속으로 들어가는 이 잠수 기구 속에는 단 한 사람만이 탈 수 있었습니다.

잠수 기구에 탄 승무원은 상자에 매달려 있는 추의 무게를 조절하여 물 속으로 들어갔다가, 다시 물 위로 나올 수 있었습니다.

레스브리지의 잠수 상자는 로니에의 것에 비해서 공기를 새롭게 공급할 수 있는 방법은 없었지만, 여러 가지 안전 장치를 준비했다는 점에서 크게 평가받고 있습니다.

화저 볼레리라고 하는 사람은 부드러운 가죽 자루를 이용하여 잠수 기구를 만들었습니다. 볼레리는 가죽 자루로 만든 이 잠수 기구에 노를 달기도 했습니다.

이것을 보고, 프랑스의 드메레는 새로운 잠수 장치를 만들었습니다.

드메레가 만든 이 잠수 장치는 깊은 바다를 탐사할 수 있는 잠수정의 원조라고 부를 만합니다.

드메레는 튼튼한 배에 잠수함을 달았습니다. 그리고 가이드 체인을 부착하여 깊은 바다를 탐험하는 탐험가가 물밑으로 내려가거나 물 위로 떠오를 때에 기계가 흔들리지 않도록 만들었습니다.

또한 코르크로 만든 부낭을 잠수저에 달았습니다.

그런데 이 코르크로 된 부낭은 종종 말썽을 일으켰습니다.

코르크로 된 부낭은 물렁물렁하기 때문에 수압이 센 깊은 바닷속에서는 납작하게 눌려 버리고 만 것입니다. 따라서 이 부낭은 수압이 작은 얕은 바다에서만 제구실을 할 수밖에 없었습니다.

1831년에 만들어진 잠수의 역사를 다룬 책을 읽어보면, 여러 가지 흥미로운 사실을 알 수 있습니다.

그 중에는 애석한 일도 있는데, 바로 스페인 사람 셀보에 대한 일입니다.

셀보는 자기가 나무로 만든 잠수함에 들어가서 바닷속을 탐험하려고 했습니다.

그러나 바닷속으로 들어간 셀보는 다시는 물 위로 나오지 않았다고 전해집니다.

1716년에는 하리라는 사람이 잠수종을 만들어서

바닷속을 탐험하였습니다.

하리의 잠수종은 나무로 만들어졌는데, 윗 부분에 커다란 창문이 하나 달려 있었습니다. 그리고는 또 하나의 작은 창을 만들어 더러워진 공기를 내보내는 역할을 맡겼다고 합니다.

이 창문은 마개로 막을 수 있었는데, 잠수종에 탄 사람에게 새로운 공기를 넣어 주기 위해서 공기통 두 개가 교대로 물 속을 오르내렸다고 전해집니다.

즉, 하나의 공기통이 비면 잠수종에 탄 사람은 물 위로 신호를 보냅니다.

그러면, 물 위에서 대기하고 있던 사람이 빈 공기통을 물 위로 끌어올리고, 공기가 가득 찬 통을 물 아래로 내려보내는 것입니다.

이렇게 하면 잠수종 안에는 항상 맑은 공기가 충분히 차 있게 되는 것이지요.

하리와 그의 친구 네 명은 이런 방법으로 바닷속에 들어가 18m 깊이의 바닷속을 한 시간이 넘게 탐험할 수 있었다고 합니다.

1775년 경에는 미국의 브슈넬이 새로운 잠수 기

구를 만들었습니다.

브슈넬은 자기의 잠수함에게 '거북이'라는 이름을 붙여 주었습니다.

브슈넬의 거북이는 1인승 잠수함이었습니다. 거북이에는 밖을 내다볼 수 있도록 창문이 하나 달려 있었고, 물탱크와 두 개의 수중 프로펠러가 달려 있었습니다.

이 프로펠러는 수평으로 움직이기 위한 것과 수직으로 움직이기 위한 장치였습니다.

거북이의 잠수 시간은 30분이었습니다.

30분이 지나면, 거북이는 새로운 공기를 보급 받기 위해서 물 위로 떠올라야만 했습니다.

브슈넬은 자기의 잠수함을 물 속에서 흔들리지 않도록 하기 위해서 90kg의 짐을 바닥에 깔았습니다.

모든 준비를 마친 브슈넬은 드디어 거북이 안에 들어가 바닷속으로 잠수했습니다.

그러나 모든 일은 브슈넬의 뜻대로 되어 주지 않았습니다.

프로펠러는 손으로 돌려야만 했으므로 속도가 무척 느렸습니다. 그래서 브슈넬이 생각했던 것처럼 거북이를 움직여 주지 않았던 것입니다.

결국 브슈넬은 눈물을 머금고 거북이를 물 위로 데리고 나와 버렸습니다.

비록 브슈넬은 잠수에 실패했지만, 이 거북이만큼

은 후에 발명된 잠수함의 모체가 되었습니다.

1865년 버진이라는 사람은 관측용 잠수기를 타고 28m 깊이의 바닷속을 잠수했습니다. 버진의 잠수는 밤중에 이루어졌는데, 잠수기에 조명 장치를 달았기 때문에 아름다운 물고기의 떼를 분명히 볼 수 있었습니다.

1889년이 되자, 이탈리아 사람 발사메로가 지름 2.2m의 잠수구를 타고 165m 깊이의 바닷속을 탐험하였습니다.

발사메로의 잠수구는 두께 3.5cm의 금속 반원을 두 개 합하여 만든 것이었습니다.

무게가 5톤이나 나가는 이 무거운 잠수구는 키와 손으로 조작할 수 있는 추진기를 갖추고 있었습니다. 창문도 여섯 개나 달려 있었습니다.

또한 해저에 머물러 있기 위하여 적당한 닻을 이용하였고, 관측이 다 끝나면 물 위로 떠오르기 위해서 바닥짐을 버렸습니다.

발사메로가 들어갔던 깊이는, 그 시대로서는 상상도 할 수 없을 만큼 깊은 곳이었습니다. 또한 이제까지의 잠수 기구들은 모두 튼튼한 줄로 연결되어 바닷속으로 들어갔었는데, 발사메로의 잠수구는 이 지긋지긋한 줄에서 해방되었다는 것이 커다란 발전이었습니다.

사람이 깊은 바닷속으로 들어가고자 할 때, 가장 문제가 되는 것이 바로 숨을 어떻게 쉬느냐 하는 것과 강한 수압을 어떻게 견뎌 내느냐 하는 것입니다.

수압을 견뎌 내기 위해서는, 앞에서 발명된 잠수 기구대로 튼튼한 상자나 구를 만들어 그 안에 들어감으로써 해결되었습니다.

그러나 깨끗한 공기를 일정한 넓이의 잠수 기구안에 어떻게 계속 공급하느냐 하는 문제는 쉽게 해결되지 않았습니다.

수압을 견뎌 내기 위한 방법이 고안되자, 이제 사람들은 공기를 공급하는 문제에 대해서 연구하기 시작했습니다.

이 문제의 근본적인 해결은 19세기 중엽이 되어서야 이루어졌습니다.

사람들은 우선 사람이 살아가는데 필요한 가스가 공기 중의 어떠한 성분일까를 생각했습니다.

공기의 정체를 확인하지 않고서는 이 문제를 풀 수 없었기 때문입니다.

사람이 숨을 쉬는데 필요한 것은 공기 중에 있는 몇 가지 성분뿐입니다.

그러므로 공기 중에서 그 성분을 만들어 낼 수 있는 방법이 있다면, 굳이 공기 전체를 공급해 주지 않아도 숨을 쉴 수 있을 것입니다.

이런 생각을 한 사람이 바로 17세기에 해중선을 만들었던 네덜란드 사람 드레벨이었습니다.

드레벨은 더럽혀진 공기를 다시 맑게 만들 수 있는 화학 약품을 싣고 잠수했다고 합니다. 그러나 드레벨이 가지고 잠수한 그 화학 약품이 얼마나 활약을 했는지에 대해서는 알려지지 않고 있습니다.

18세기 후반이 되자, 프랑스의 과학자 라보아제가 공기의 성분을 자세히 알아내었습니다.

공기의 성분이 발표되자, 잠수 기술의 연구는 한층 박차를 가하게 되었습니다.

깊은 바닷속을 탐험하는 일이 본격화된 것은 미국의 생물학자 윌리엄 비버에 의해서입니다.

비버는 1930년부터 1934년까지 철제로 된 커다란 잠수구를 타고 1,000m 깊이의 바닷속까지 들

어가서 탐험을 하였습니다.

비버가 타고 바닷속으로 들어간 잠수구는 오치스 버튼이 설계해서 만든 것이었습니다. 오치스 버튼 역시 비버와 함께 잠수구를 타고 바닷속으로 들어갔습니다.

이 잠수구를 둘러싸고 있는 벽의 두께는 3.8cm였고, 잠수구의 크기는 지름이 1.5m, 무게가 2.45톤이었습니다.

잠수구에는 세 개의 관측창이 붙어 있었습니다. 창의 직경은 20cm, 창에 끼운 석영 유리는 그 두께가 7.6cm였습니다.

이 잠수구는 지름이 2.2cm인 굵은 철사로 모선과 연결되어 있었습니다.

모선과 잠수구 사이에는 이 철사 외에도 전선이 연결되어 잠수구에 있는 사람과 모선에 있는 사람이 전화로 말할 수 있도록 되어 있었습니다.

잠수구의 출입구는 역시 동그란 모양을 하고 있었습니다. 문의 무게만 해도 184kg이나 되었습니다.

문이라고 하기보다는 차라리 뚜껑이라고 말하는

것이 어울릴 듯한 이 잠수구의 출입문은 도르레를 사용하여 설치되었습니다.

출입문의 무게가 이렇게 무거웠던 것에 비해서, 출입구의 크기는 겨우 35.5cm였습니다. 빼빼 마른 사람이라야 겨우 드나들 수 있었지요.

1930년 6월 3일, 이 잠수구는 사람을 태우지 않은 채 물 속으로 들어가는 무인 잠수 시험을 받았습니다. 시험 장소는 대서양에 있는 버뮤다 섬 근처의 깊은 바다였습니다.

잠수구는 2분 사이에 30m 깊이까지 들어갔습니다. 그리고는 다시 300m 깊이의 바다 밑바닥까지 내려갔다가 다시 끌어올려졌습니다.

잠수로 인한 어떤 변화가 없는지를 조사 받은 후, 1차 잠수를 한 지 사흘 뒤인 6월 6일이 되자 잠수구는 다시 제2차 무인 잠수 시험을 받게 되었습니다.

이 때 잠수구는 457m 깊이까지 내려졌지만, 아무런 이상도 보이지 않았습니다.

"됐다. 안전해! 이제 사람이 타도 되겠어."

잠수구의 안전이 확인되자, 드디어 사람이 잠수구 안에 탑승하게 되었습니다.

잠수구 안으로는 산소가 가득 들어 있는 산소통과 사람이 내뿜는 이산화탄소를 빨아들일 염화칼슘이 실렸습니다. 이것으로써 모든 준비가 끝났습니다.

비버와 버튼은 잠수구 안으로 들어갔습니다.

밖에서는 출입구를 열 개의 나사를 죄어 잠그었습니다.

"출발!"

오후 한 시가 되자, 잠수구는 서서히 배의 갑판에서 공중으로 달아 올려지기 시작했습니다.

푸른 바다를 배경으로 공중에 매달린 잠수구는 흔들거리고 있었습니다.

조금 시간이 지나자, 잠수구는 조금도 흔들리지 않고 그대로 멈춰 서 있었습니다.

그제서야 배에 있던 사람들은 잠수구를 천천히 밑으로 내리기 시작했습니다.

'철썩!'

잠수구가 바닷물 표면에 닿자 구경하던 모든 사람

들은 군침을 꿀꺽 삼켰습니다.

잠수구는 천천히 바닷속으로 그 모습을 감추어 버렸습니다.

이 때부터는 전화로 잠수구 안에 있는 사람과 모선에 있는 사람들이 이야기를 나누게 됩니다.

“60m의 깊이로 잠수했다, 이상한 점은 없는가?”

“이상없다!”

모선에서는 잠수구가 들어가고 있는 바닷물의 깊이를 측정하여 비버에게 알려 주고 있었습니다.

“90m의 깊이로 잠수했다!”

“앗, 큰일났다!”

모선에서 바닷물의 깊이를 90m라고 알려 주었을 때, 갑자기 버튼이 고함을 질렀습니다. 비버는 얼른 버튼이 있는 곳으로 갔습니다.

“무슨 일인가? 대답하라!”

모선에서도 버튼의 고함소리를 들은 듯, 다급하게 물었습니다.

“여길 봐, 물이 새어들고 있어!”

손전등으로 잠수구의 곳곳을 살피던 버튼이 바닥

을 가리키며 말했습니다. 버튼이 가리키는 곳에서는 물이 조금씩 새어들고 있었습니다.

"정말이군, 하지만 걱정할 정도는 아니야, 이 잠수구는 워낙 튼튼하게 만들어졌으니까 말야. 그런데도 물이 새어든다는 것은 우리가 위치한 곳의 수압이 그만큼 세어졌다는 뜻이겠지."

비버는 곧 모함으로 전화를 했습니다.

"잠수구 안으로 물이 조금씩 새어들고 있습니다. 그러나 걱정할 정도는 아닌 듯합니다. 수압이 점점 세어지고 있나 봅니다."

비버의 전화를 받고 모선에서도 안도의 한숨을 내쉬었습니다.

잠수구는 계속 바닷속 깊은 곳을 향하여 밑으로 밑으로 내려가고 있었습니다.

120m, 150m, 180m, 210m, 드디어 잠수구는 멈추어 섰습니다.

비버와 버튼은 창 밖으로 깊은 바닷속의 모습을 관측하였습니다.

"조금 더 내려가 보았으면 좋겠다!"

"위험하지 않겠는가?"

"30m 정도 더 내려가 보는 것은 괜찮을 듯하다!"

비버의 전화를 받은 모선에서는 걱정스럽다는 듯이 말했습니다.

그러나 비버와 버튼은 244m 깊이까지 내려갔습니다.

사람의 역사가 시작된 이래로 이만한 깊이까지 잠수한 사람은 단 한 사람도 없었습니다. 오로지 비버와 버튼만이 아무도 구경하지 못한 깊은 바다의 모습을 직접 보게 된 것입니다.

비버와 버튼은 가슴이 벅차 올랐습니다.

"이제 그만 올라가도록 하자!"

"좋아, 방심은 금물이니까!"

244m 깊이의 바닷속 관측을 마친 잠수구는 다시 바다 위로 올라왔습니다.

관측에 걸린 시간은 단 한 시간이었습니다.

제1차 유인 잠수 실험이 있은 지 4일 후, 다시 제3차 무인 잠수 시험이 실시되었습니다 사람을 태우지 않은 잠수구를 깊이 600m의 바닷속까지 내려 보내는 것입니다

제3차 무인 잠수 시험 역시 성공적인 결과를 보여주었습니다.

"좋아, 이제 제2차 유인 잠수 실험을 하자!"

6월 11일, 비버와 버튼은 잠수구를 타고 다시 바닷속으로 들어갔습니다.

제2차 유인 잠수 실험에서는 428m 깊이까지 잠수하여 바닷속을 관측하였습니다.

그러나 여기서 만족하지 않고, 비버와 버튼은 바닷속 탐험을 계속하였습니다.

제7회 때의 잠수에서, 비버는 바닷속의 색깔 변화를 관측하였습니다.

물 위에서의 색깔과 비교해 보기 위해서 잘생긴 빨간 바다새우 한 마리도 잠수구에 함께 탑승하였습니다.

바닷속의 색깔 변화는 참으로 신비했습니다.

바닷속으로 들어가자마자 빨강색은 절반 정도로 그 빛을 잃어버립니다.

즉 육지에서는 빨강색이던 것이 바닷속으로 들어오자마자 주황색으로 변해 버렸던 것입니다.

바닷속으로 15m 정도 내려왔을 때입니다.

"엇? 이걸 봐! 새우의 색깔이 변했어!"

버튼이 소리쳤습니다.

비버는 재빨리 새우를 놓아 둔 상자로 다가갔습니다.

물 위에서는 분명히 빨강색이었던 새우의 겉껍질이 거무틱틱한 색깔로 변해 있었습니다.

"바닷물은 빨강색을 모두 빨아들여 버리나 봐."

45m의 깊이로 내려가자, 빨강색을 띤 것이라곤 아무것도 찾아볼 수가 없었습니다.

"빨강색뿐만이 아니라, 다른 모든 색깔들도 멀어지고 있어."

비버가 일지를 기록하면서 중얼거렸습니다.

비버의 말대로, 90m 깊이에 이르자, 노랑색도 모두 없어져 버리고 말았습니다.

105m에서는 분광계를 사용하여 빛의 모양을 조사하였습니다.

바닷속에 있는 빛의 절반은 엷은 청색을 띠고 있었습니다. 4분의 1은 초록색이었고, 그 나머지는 무엇이라고 표현할 수 없는 엷은 빛깔을 띠고 있었습니다.

빛은 거의 흡수되어서 사방이 안개 낀 것처럼 부

옅게 흐려 있었습니다. 인쇄된 글자를 겨우 읽을 수 있을 정도였습니다.

240m의 깊이에 이르자, 빛은 거의 보이지 않았습니다.

이렇게 비버와 버튼은 깊은 바닷속을 드나들며 많

은 신비를 캐내었습니다.

처음 잠수를 시작한 지 4년 후인 1934년 8월 11일, 비버와 버튼은 개조한 잠수구를 타고 인류 역사상 처음으로 924m 깊이의 바닷속을 들여다보고 나왔습니다.

비버와 버튼의 잠수 기록은 1949년에 깨졌습니다.

이 기록을 깬 사람은 다름 아닌 버튼이었습니다.

버튼은 미국 서해안에 있는 캘리포니아의 깊은 바다 위에서 잠수구를 타고 바닷속으로 들어갔습니다. 이 때 버튼이 세운 기록은 1,380m입니다.

버튼의 기록은 다시 두 사람의 프랑스 해군 사관에 의해서 깨졌습니다.

이 두 사람은 스위스에서 태어난 과학자인 오귀스트 피카알이 개발한 바치스커프를 타고 깊은 바닷속으로 들어갔습니다.

바치스커프는 깊은 바닷속을 탐험하기 위한 목적으로 특별히 만들어진 심해 잠수정입니다.

두 명의 프랑스 탐험가를 태운 바치스커프는 대서양에 있는 아프리카 서해안 다칼 앞바다에서 바닷속으로 들어갔습니다.

이 때, 바치스커프가 도달한 깊이는 무려 4,050m입니다.

이것은 비버가 세운 제일 처음의 잠수 기록이 쓰

여진 날부터 불과 5년이 지난 후의 일이었습니다.

이 놀라운 일은 바치스커프가 개발됨으로 해서 이루어질 수 있었습니다.

바치스커프는 대체 어떠한 잠수 기구이기에 이처럼 놀라운 일을 해낼 수 있었던 것일까요?

바치스커프는 언뜻 보아서 비버의 잠수구와 비슷한 구조를 하고 있는 것처럼 생각할 수 있습니다.

두 개의 잠수 기구는 해저 탐험가가 직접 잠수기구 안에 앉아서 관측할 수 있는 기구라는 점에서 공통점을 갖고 있습니다.

그러나 구조상으로 살펴보면, 비버의 잠수구와 바치스커프에서는 많은 차이점을 발견할 수 있습니다.

비버와 버튼이 탑승하여 바닷속으로 잠수했던 잠수구는 마치 어린 아기가 어머니의 품에 안겨 젖을 빨고 있는 것처럼 모선에 연결되어 있었습니다.

모선이 없다면 비버의 잠수구는 제 기능을 해낼 수 없었을 것입니다. 그러나 바치스커프는 모선에서 독립되어 혼자서 마음껏 움직이는 잠수 기구입니다.

바치스커프라는 이름은 깊은 바다를 뜻하는 '바치'와 보트를 뜻하는 '스커프'가 합하여 지어진 것입니다.

이름 그대로 바치스커프는 모선과 줄로 연결되지 않고 자유자재로 물 속을 헤엄쳐 다니는 바닷속의 탐험선이었습니다.

바치스커프의 잠수 능력은 이제까지의 그 어떤 잠수 기구도 감히 따라올 수 없도록 뛰어난 기능을 가지고 있었습니다.

비버의 잠수구가 2천 몇백 m 정도의 깊이로 바닷속을 내려갈 수 있었던 것에 비하여, 1만 1천 m의 깊이까지 바닷속을 거침없이 내려갈 수 있도록 설계된 바치스커프는 아주 훌륭한 잠수 기구였던 것입니다.

바치스커프에는 여러 개의 관측창이 달려 있었는데, 여기에 사용된 재료도 아주 훌륭한 것이었습니다.

바치스커프는 단순히 바닷속을 깊이 들어갔다 나

오는 잠수정이 아니라 바닷속의 생김새를 캐어 내는 조사 탐험선이었기 때문에, 바닷속을 잘 들여다 볼 수 있도록 만들어져야만 했습니다.

그러므로 창문의 기능을 강화하지 않으면 안 되었습니다.

잠수 기구의 창문은 엄청난 수압을 잘 견디어 내어야 하며, 바깥이 잘 보이는 투명한 것이어야만 했습니다.

비버의 잠수구에 사용했던 창문 유리는 석영유리였습니다.

석영유리는 수천 미터의 깊이에 이르면 수압을 견디지 못하여 깨져 버리고 맙니다.

게다가 날카로운 물체에 조금만 스쳐도 흠이 생겨 약해지기 때문에 깊은 바닷속을 들어가기 위한 잠수기구에는 적당하지 못한 재료였습니다.

"좀더 단단한 유리가 있어야 해."

피카알은 석영유리보다 더 단단하고 투명한 재료를 바치스커프에 사용하기 위해 연구를 거듭했습니다.

피카알은 여러 가지 창문 재료를 놓고 비교실험을 했습니다.

"바로 이거야! 이 정도면 되겠어."

피카알은 유기 물질로 만들어진 프레키시글라스를 앞에 두고 환성을 올렸습니다.

프레키시글라스란, 우리가 흔히 말하는 플라스틱 유리입니다.

이 플라스틱 유리는 무척 단단하여, 밖에서 수백 톤의 힘으로 밀어대어도 꼼짝하지 않습니다. 피카알은 플라스틱 유리를 바치스커프의 창에 달기로 결정했습니다.

피카알은 플라스틱 유리를 사용하여 바치스커프를 만들었습니다. 그리고 최초로 만들어진 바치스커프를 F2호라고 이름지었습니다.

F2호는 보통 물고기 모양인 유선형의 모양을 하고 있었습니다. F2호의 몸길이는 7m였습니다.

1948년 11월 3일 F2호의 바닷속 잠수 시험이 실시되었습니다.

장소는 타칼 앞바다였습니다.

바치스커프 F2호는 벨기에의 화물선인 스칼디이스 호의 갑판에 매달려 있었습니다.

F2호의 몸체는 오렌지색과 흰색으로 칠해져 있었습니다.

F2호의 몸체 밑에는 철로 만들어진 커다란 공 모

양의 물체가 마치 커다란 물방울처럼 매달려 있었습니다.

오후가 되자, F2호의 잠수가 시작되었습니다.

처음의 시험이었기 때문에 F2호는 사람을 태우지 않은 채 깊은 바닷물 속으로 들어가야 했습니다.

무인 잠수 시험을 실시한 것입니다.

F2호에는 시한 장치가 달려 있었습니다.

F2호가 바다 밑바닥에 닿으면, 몸체 밑바닥에 매달려 있는 추가 자동적으로 풀려나가게 장치되어 있었던 것입니다. 그러면 F2호는 자연히 다시 물 위로 떠오르게 되는 것입니다.

F2호가 깊은 바다 밑바닥에 도달했다가 다시 떠오르는 시각은 오후 4시 40분으로 계산되었습니다.

이 시한 장치는 F2호에 설치되어 있었기 때문에, 바치스커프가 일단 잠수하고 난 후에는 그 어느 누구도 장치를 고칠 수 없었습니다.

오후 3시 45분이 되자 최초의 바치스커프 F2호는 임무를 완수하기 위해서 바닷속으로 뛰어들었습니다.

사람들은 스칼디이스 호의 갑판에 서서 무사히 F2호가 물 위로 떠오르기를 기다리고 있었습니다.

시간이 흘렀습니다.

"틀린 것 같아. 조류의 방향이 좋지 않은 걸? F2

호는 바다 밑바닥에 닿기 힘들어 이대로 조류를 따라 흘러가 버리고 말 거야."

누군가가 절망적인 목소리로 말했습니다.

다른 사람들은 모두 초조한 빛을 띠며 F2호의 모습이 물 위로 떠오르기만을 기다렸습니다.

만일 F2호가 다시 떠오르지 않는다면 모든 계획이 수포로 돌아가게 됩니다.

"어떻게 해서라도 F2호는 떠올라야 돼!"

누군가가 단호하게 말했습니다.

4시 29분이 되었습니다.

"떴다, 떴어! 모두들 저길 봐요. F2호가 물 위로 떠올랐어요."

기쁨에 들뜬 목소리가 스칼디이스 호의 갑판에 울려 퍼졌습니다.

사람들은 모두 바다 위를 쳐다보았습니다.

바다 위에는 모습도 찬란한 F2호의 몸체가 두둥실 떠올라 있었습니다.

"이건 말도 안 돼! 어떻게 29분만에 1,880m의 깊이를 들어갔다 나올 수가 있단 말인가? 무언가가 잘못된 것이 틀림없어. 잠수부! 가서 F2호를 조사해 보시오."

잠수부가 곧 바닷속으로 뛰어들어갔습니다.

잠시 후, 잠수부의 조사를 종합한 결과가 발표되었습니다.

"F2호는 1,373m의 깊이까지는 들어갔었던 듯합니다. 하지만 레이더의 안테나가 떨어져 나갔고, 관측창의 내부로 물이 조금 스며들었습니다. 또한 사고로 인해 기름을 버려야 했기 때문에 더 이상의 시험은 할 수가 없습니다."

발표를 들은 사람들은 실망했다는 표정으로 웅성거리며 스칼디이스 호의 갑판을 걸어다녔습니다.

신문 기자들은 F2호의 시험이 실패했다고 보도했습니다.

"하지만 난 실망하지 않아. F2호는 반드시 깊은 바닷속을 탐험할 수 있는 유능한 잠수 기구가 될 것이다!"

피카알은 실망하지 않았습니다.

바치스커프야말로 깊은 바다를 탐험할 수 있는 뛰

어난 잠수 기구라는 것을 믿을 수 있었기 때문입니다.

피카알은 자신감을 가지고 F2호의 부족한 점을 연구해 나가기 시작했습니다.

F2호의 부족한 점을 보충한 바치스커프는 F3호라고 이름지어졌습니다.

F3호의 잠수 시험은 츠론 앞바다에서 실시되었습니다.

1953년 8월, F3호는 두 사람을 태우고 2,100m의 깊이까지 바닷속을 누비고 다녔습니다. F3호에 탄 두 사람은 우오와 윌리엄이었습니다.

우오와 윌리엄이 세운 기록은 그로부터 6주 후에 이탈리아 트리에스테 호에 탄 피카알 부자에 의해서 깨졌습니다.

하지만 트리에스테 호의 연구 업적은 뛰어난 것이었습니다.

트리에스테 호는 아버지인 A 피카알이 스위스와 이탈리아의 협조를 받아 만든 잠수기구였습니다.

트리에스테 역시 최초의 바치스커프인 F2호를 개

량하여 만든 것입니다.

즉 우오와 윌리엄이 타고 바닷속을 탐험했던 바치스카프 F3호와 비슷한 바치스카프였습니다.

피카알은 새로운 바치스카프를 만드는 데 많은 도움을 준 이탈리아의 트리에스테시의 이름을 따서

자기의 바치스커프에 이름을 지어 주었던 것입니다.

트리에스테 호의 잠수 시험은 1953년 8월 2일에 시행되었습니다.

장소는 이탈리아의 카스테라무아레에 있는 만 안이었습니다.

트리에스테 호에 탄 잠수자는 바로 피카알 부자였습니다.

1953면 9월 29일, 피카알 부자는 폰자 만에서 실시한 잠수 시험에서 3,150m의 깊이를 잠수하였습니다.

트리에스테 호는 주로 지중해에서 잠수했습니다.

바치스커프에는 물 속에서 들려오는 소리를 측정할 수 있는 수중 청음기가 달려 있었습니다.

이 수중 청음기를 사용하여 물 속의 여러 소리를 들으면 무척 흥미로운 소리를 많이 관측할 수 있었습니다.

돌고래들이 서로 속삭이는 낮은 목소리, 맛있는 생선인 도미가 내는 이상한 소리, 새우가 갑자기

내는 소리 등등 수중 청음기로 바닷속에서 들려오는 신기한 소리를 듣다보면 시간 가는 것을 잊어버릴 정도였습니다.

트리에스테 호가 지중해에서 잠수하여 바닷속의 여러 가지 신비를 풀어내자, 미국에서 트리에스테 호를 사겠다고 제안했습니다.

피카알은 목숨을 걸고 함께 바닷속을 다녔던 트리에스테 호를 내어 줄 생각이 없었습니다.

그러나 미국이 계속 열심히 부탁을 해 왔기 때문에, 더 나은 연구 실적을 위해서 피카알은 트리에스테 호를 미국에 넘겨주었습니다.

미국은 신디에고 근처의 바다에서 트리에스테 호를 여러 번 잠수시켰습니다. 트리에스테 호에 탄 사람은 A 피카알의 아들인 J 피카알이었습니다.

"이제 세계에서 제일 깊은 바닷속을 탐험해야겠소. 그러기 위해서는 우선 트리에스테 호를 더욱 보완시켜야만 해."

미국은 트리에스테 호를 보완하여 새로운 트리에스테 2호를 만들어 내었습니다.

미국이 새로 만든 트리에스테 2호는 차렌자 해연의 제일 깊은 곳을 잠수하도록 계획되어져 있었습니다.

1960년 1월 23일, J 피카알과 미국 해군 대위 존 월수는 트리에스테 2호를 타고 차렌자 해연을 향하여 바닷속으로 내려갔습니다.

두 사람은 1만 916m 깊이의 바닷속을 무사히 잠수하고 되돌아왔습니다. 이것은 상상할 수조차 없는 엄청난 깊이입니다.

두 사람은 빛나는 세계 기록을 세웠던 것입니다.

잠수 조사선의 발달은 여기서 그치지 않았습니다.

특히 관측 기계가 발달함에 따라 여러 가지 훌륭한 관측 기계들이 잠수 조사선에 설치되었습니다.

수중 텔레비전, 수중 조명, 수중 탐신기인 소너, 수중 카메라, 수중 녹음기, 원격 측정기 등등 뛰어난 기계들이 잠수 조사선에 실리게 되자 깊은 바닷속의 탐험은 점점 더 활발히 진행되었습니다.

잠수 조사선의 종류도 다양하게 늘어났습니다.

원반처럼 생긴 스쿠프는 도우니즈 호라고도 불리

웁니다.

이 잠수 원반은 직경이 약 3m, 높이는 1.5m 정도의 크기를 지닌 2인승 잠수 조사선입니다.

무게가 3톤인 도우니즈 호는 500m 깊이의 바닷속을 잠수할 수 있고, 바닷속에서 사진이나 영화를 찍을 수 있도록 만들어져 있습니다.

도우니즈 호는 원반 양쪽에 있는 금속 원통에서 바닷물을 내뿜어 원하는 곳으로 이동할 수 있습니다.

도우니즈 호가 물 속을 달리는 속도는 시속 1km로, 바닷속을 달리는 원반이라고 말할 수 있습니다.

도우니즈 호가 완성된 때는 1959년입니다.

도우니즈 호는 바닷속을 연구하는데 활약하고 있는 소형 잠수선입니다.

이에 비해서 세베리안 호는 대형 잠수 조사선입니다.

소련에서 만든 세베리안 호는 1958년에 건조되었는데, 수중 텔레비전, 염분계, 수중 방사능 측정 장

치 등 온갖 장비를 갖추고 있는 잠수 조사선입니다.

세베리안 호는 주로 어장 조사와 어류를 관찰하는데 사용됩니다.

알미노우트 호는 미국의 잠수 조사선입니다. 길이는 16m이며, 4,500m의 깊이까지 잠수할 수 있습니다.

알미노우트 호는 11개의 튼튼한 알루미늄 합금의 원통으로 이루어져 있습니다.

이 통들은 두께 16.3cm의 알루미늄 합금판이 지름 2.3m로 둥글게 말아져 있는 형태를 취하고 있습니다.

알미노우트 호는 시속 7.5km의 속도로 72시간 동안 잠수할 수 있습니다.

알미노우트 호의 탑승 인원은 3명입니다.

알미노우트 호에는 수중 텔레비전 장치와 매직핸드 장치 등이 있으며, 동력 장치로는 은과 아연 전지를 사용합니다.

알빈 호는 미국의 2인승 잠수선입니다.

알빈 호의 길이는 6.6m이며, 무게는 13톤입니다.

알빈 호는 1,800m의 깊이까지 잠수할 수 있고, 4노트의 속도로 24시간 동안 잠수할 수 있습니다.

알빈 호에는 세 개의 프로펠러가 달려 있어서 움직이는데 무척 편리합니다.

알빈 호에 달린 네 개의 창문에는 카메라, 텔레비전 등의 장비가 갖추어져 있습니다. 또한 매직 핸드로 바닷속의 물체를 채취할 수 있습니다.

도이니즈 호를 개량한 미국의 잠수선 데이프스타 호는 4,500m의 깊이까지 잠수할 수 있습니다.

데이프스타 호는 3인승인데, 24시간 동안 잠수할 수 있습니다.

데이프스타 호에는 스쿠프와 같은 바닷물 제트분사 장치가 있습니다.

데이프스타 호는 30도 경사를 두고 위와 아래로 움직일 수 있으며, 수중 속도는 3.5노트입니다.

데이프스타 호에서 개량된 데이프스타 2호는 6,000m 깊이까지 잠수할 수 있는데, 1970년부터 바닷속에 뛰어들어 사람들의 연구를 도와 주고 있습니다.

스위스에서도 대형 잠수선을 만들었습니다.

J 피카알의 지도로 만들어진 이 잠수선의 이름은 메조스커프 호입니다.

메조스커프 호는 승객 40명과 승무원 3명을 태우고 700m의 깊이까지 잠수할 수 있는 대형 잠수선입니다. 1965년, 데이프스타 호는 레만 호에서 깊이 300m의 호수 바닥으로 들어가, 호수 바닥을 관측하였습니다.

이 때, 데이프스타 호는 호수 바닥에 있는 여러 가지 물질들을 채취하고, 중력을 측정하였으며, 지진에 대해서 연구하는 등 많은 실적을 남겼습니다.

오랜 시간을 바닷속에 머무르기 위해서 만들어진 잠수선도 있습니다.

바로 미국의 잠수선 벤 프랑크 호입니다.

벤 프랑크 호는 600m의 깊이까지 잠수할 수 있는 6인승 잠수선입니다.

바닷속의 신비를 연구하기 위해서는 여러 가지 잠수 기구를 이용하여 깊은 바닷속으로 들어갑니다.

사람은 물 속에서 숨을 쉴 수 없기 때문입니다.

그러나 여러 기구를 사용하여 바닷속으로 들어가면, 바닷속을 사람이 직접 대할 수는 없습니다. 잠수기구 안에 앉아서 유리를 통해 바닷속을 보아야만 합니다.

사람들은 바닷속의 신비를 직접 대하고 만져 보기 위해서 잠수 기구를 최대한 줄여 맨몸으로 바닷속에 들어갑니다.

바닷속에서 직접 탐험하도록 훈련된 사람은 깊이 100m의 바닷속을 자유롭게 헤엄쳐 다닐 수 있다고 합니다.

최근에는 기술이 여러 가지로 개발되어, 사람이 직접 잠수할 수 있는 깊이를 1,000m정도로 보기도 합니다.

또한 아예 바닷속에 실험실을 차리고 바닷속을 속속들이 연구하려는 해저 실험실도 여러 나라에서 계획되고 있습니다.

다른 동물에 비해서 힘도 약하고, 위협적인 무기도 가지고 있지 않은 사람이 세상을 지배할 수 있는 것은 모르는 것에 대해 호기심을 가지고 연구하기 때문이라고 합니다.

비록 사람이 물 속에서 살 수 없도록 몸의 구조가 이루어져 있지만, 사람은 호기심을 가지고 바닷속을 연구하였기 때문에 바다를 정복하게 된 것입니다.

깊은 바다에 대한 비밀은 앞으로도 서서히 사람들 앞에 그 모습을 드러내게 될 것이므로 기대해 보아도 좋을 것입니다.

여러분이 바다의 비밀을 직접 캐어 낼 수 있다면 더욱 좋은 일이겠지요.

바닷가와 날씨

바닷가에 서서 멀리 바다 끝을 바라보면 무엇이 보일까요?

하늘과 물이 맞닿은 곳에 그어진 선 하나를 사이에 두고, 사이좋게 하늘도 파랗고 바다도 파랗습니다.

바다와 하늘이 맞닿아 보이는 선을 우리는 수평선이라고 부릅니다.

바닷바람이 차갑다고 느껴진다면, 드넓은 평야로

나가 봅시다.

넓은 평야에 서서 사방을 둘러보면, 하늘과 땅이 맞닿은 곳에서 선이 그어져 있는 것을 볼 수 있습니다.

하늘과 땅이 맞닿은 이 선을 우리는 지평선이라고 부릅니다.

그렇다면 바다와 땅이 맞닿아 있는 곳에도 선이 그어져 있을 것입니다.

바다와 육지가 맞닿은 선을 무엇이라고 할까요?

바다와 육지가 맞닿은 선을 우리는 해안선이라고 부릅니다.

해안선은 수평선이나 지평선과는 달리 땅의 모양을 따라 구불구불하게 그어져 있습니다.

이렇게 구불구불한 해안선은 몹시 심술궂고 고집스러워 보입니다.

또한 해안선은 누구 못지 않게 변덕이 심합니다.

바닷물의 높이는 항상 일정한 것이 아닙니다.

밀물과 썰물에 따라 땅이 바닷물에 잠겼다가, 다시 드러나기도 합니다.

땅은 항상 그 자리에 그대로 있지만 바닷물이 드나들며 변화를 보이기 때문에 해안선은 항상 일정하지 않습니다.

우리가 날마다 확인하는 해안선은 이렇게 변화가 많지만, 어느 정도 일정한 범위를 보여 주고 있습니다.

그래서 지도를 그리는 학자들은 바닷물과 땅이 접하는 곳의 해안선을 나름대로 정리하여 표시합니다.

보통 지도에서는 파도가 도달할 수 있는 거리까지를 해안선으로 표시합니다.

그러나 배에서 사용하는 지도인 해도를 만들 때는 해안선을 표시하는 방법이 조금 다릅니다.

해도에서는 썰물이 되었을 때의 바닷물을 표시하여 해안선을 그립니다.

썰물이란 바닷물이 육지에서 멀어져가는 것을 말합니다.

이와는 반대로 바닷물이 육지로 밀려들어오는 것을 밀물이라고 합니다.

바닷물이 가장 많이 육지와 떨어졌을 때의 해안선을 저조해안선이라 하고, 바닷물이 육지로 가장 가까이 다가왔을 때의 해안선을 고조해안선이라고 합니다.

해도에서는 저조해안선을 기준으로 만들어집니다.

바다와 맞닿아 있는 육지의 끝을 해안이라고 하는데, 해안에는 여러 가지 모양의 바위와 땅 모양이 있습니다.

해안은 파도나 조류의 영향을 받아 갖가지 모양을 이룹니다.

파도는 해안에 부딪쳐 바위의 모습을 변화시킵니다. 파도는 바위를 깎아 낭떠러지로 만듭니다. 파도의 이 작용을 해식이라고 합니다.

파도가 유난히 세게 몰아치는 곳에서는 바위 낭떠러지가 있게 마련입니다. 그 낭떠러지 밑에는 바위에서 떨어져 나온 돌덩어리가 쌓이게 되지요.

이런 것을 해식애라고 합니다.

즉 해식애는 파도에 의해서 만들어진 가파른 벼랑입니다. 해식애는 다른 말로 바다 벼랑이라고도 합니다.

해식애는 파도가 심하고 해안선에서 갑자기 깊어지는 곳에서 많이 볼 수 있습니다.

강하게 몰아치는 파도는 이렇게 육지를 깎아 내고 있습니다.

해식
해식애

힘센 파도가 몰아치는 곳의 땅은 점점 패여 나가게 마련입니다.

그러나 이와는 반대로 파도가 약한 곳의 땅은 강에서 흘러내려온 퇴적물이 쌓여 바다 밑을 점점 메워가고 있습니다.

그러므로 바닷가에 있는 육지는 패여 들어가는 곳이 있는가 하면, 점점 늘어나고 있는 곳도 있습니다.

그래서 바닷가가 울퉁불퉁, 구불구불하게 생기게 된 것이지요.

바닷가에 있는 땅이 솟아오르거나, 아니면 바닷물의 깊이가 갑자기 낮아져서 육지가 늘어나는 경우도 있습니다.

이런 작용이 일어나는 해안을 이수 해안이라고 합니다.

육지와 맞닿아 있는 가까운 바다의 밑바닥은 대부분 평평한 모양을 하고 있습니다.

그래서 바닷물이 줄어들어 땅이 된 바다 밑바닥은 그 전에 땅이었던 곳과 연결되어 평평한 육지가 됩니다.

이렇게 늘어난 육지는 해안 평야를 이루거나, 사람이 집을 지어 살 수 있는 땅으로 변합니다.

만일 바다 밑바닥이 야트막한 언덕처럼 경사를 이루고 있다면, 파도가 쉽게 해안까지 도달하지 못하게 됩니다.

그러므로, 파도는 해안을 깎는 것이 아니라, 해안선에서 멀리 떨어진 곳의 바다 밑바닥을 깎게 됩니다.

파도에 깎이는 바다 밑바닥은 해안선과 평행을 이루게 됩니다. 이것을 연안주라고 합니다.

연안주는 배가 지나가는데 지장을 줍니다.

마치 강의 어귀처럼 생긴 연안주도 생길 수 있습니다. 대서양의 연안 평야 북쪽에는 좋은 항구가 들어서 있기도 합니다.

배가 지나가기 위해서는 필요한 만큼의 깊이가 만들어져야 합니다.

만일 바닷물의 깊이가 얕은 것을 미처 알지 못하고 배가 지나가려고 했다면, 그 배는 밑부분이 바

다 바닥에 닿아서 꼼짝도 못하게 될 것입니다.

그러므로 해안선을 따라 얕게 만들어져 있는 연안주에는 배가 지나갈 수 없지만, 연안주 다음부터는 바다 밑바닥이 갑자기 깊어지기 때문에 좋은 항구가 들어설 수 있는 것입니다.

연안주에는 육지에서 내려온 흙이나 기타 퇴적물이 계속 쌓이게 됩니다.

오랜 세월이 지나면, 연안주는 모래 성분이 많은 육지가 됩니다. 이러한 연안주를 해안사구라고 부릅니다.

해안사구의 크기나 높이는 강에서부터 해안으로 운반되는 퇴적물에 의해서 각각 달라집니다.

즉 운반되는 모래의 양, 모래 알갱이의 크기와 무게, 바람의 세기 등이 해안사구의 규모를 정하게 되는 것입니다.

해안사구는 바다 쪽으로 느린 경사를 보이는 반면에, 육지 쪽으로는 매우 가파른 모양을 하고 있습니다. 그래서 해안사구와 육지 사이에는 호수가 자리잡고 있는 경우가 많습니다.

해안사구와 육지 사이에 있는 호수를 석호라고 합니다.

이러한 석호 주변에는 사람이 많이 모여들어 마을을 이루고 사는 경우가 많습니다.

이 곳의 사람들은 농사도 짓고, 고기도 잡아 생활하는 반농반어의 마을을 이룹니다.

규모가 큰 해안사구 중에는 물이 귀해서 아무런 개발도 되지 않는 곳이 있습니다. 또한 모래가 많이 날리고, 해안사구가 이동하는 경우도 있습니다.

바닷가 사람들은 모래가 날리는 것을 막기 위해서

방풍림을 심기도 하고 다른 여러 가지 방법으로 거센 바닷바람을 막는데 노력하고 있습니다.

거센 파도는 높게 서 있는 육지를 공격합니다.

파도의 공격을 받은 육지의 끝은 자꾸만 패여 갑니다.

이처럼 파도의 공격으로 벼랑이 된 곳을 해식애라고 합니다.

해식애가 계속 반복되다 보면, 계단 모양의 해안단구가 생기게 됩니다.

해안단구는 보통 밭으로 이용되기도 합니다.

해안단구에서는 해안평야가 계단 모양으로 생겨나기도 합니다.

이러한 곳에서는 지구의 역사적 변화를 알아볼 수 있는 여러 가지 자료들이 나오기도 합니다.

과학자들은 해안단구에서 바위의 모양이라든가 화석, 땅을 이루고 있는 성분 등을 조사하여 지구의 역사를 추적하는 것입니다.

해안단구의 높이는 지방에 따라 다릅니다.

땅이 새로 생겨나는 해안이 있는가 하면, 땅이 점

점 없어지는 해안도 있습니다.

땅이 점점 없어지고 있는 해안을 침수해안이라고 합니다.

침수해안에서는 땅이 바닷물 속으로 가라앉고 있든지, 바닷물의 양이 많아지고 있든지 두 가지 중의 한 가지 현상이 일어나고 있습니다.

이러한 곳의 해안선은 무척 구불구불하고 복잡한 모양을 하고 있습니다.

해안선의 복잡한 모양이 물에 의해서 이루어진 것이라면, 그 해안을 리아스식 해안이라고 부릅니다.

그러나 복잡한 모양의 해안선이 빙하에 의해 깎인 것이라면, 그 해안은 피요르트식 해안이라고 부릅니다.

리아스식 해안이든지, 피요르트식 해안이든지 모두 땅이 깎여 나가고 있는 것은 같습니다.

그래서 두 종류의 해안에는 깊은 골짜기가 많습니다. 이 골짜기에는 바닷물로 채워져 있습니다.

바닷물로 채워진 침수해안에는 좋은 항구가 많이 있습니다.

깊게 패인 골짜기에 바닷물이 가득 들어 있으니 배가 드나들기엔 적당하지요.

리아스식 해안에는 두 가지 종류가 있습니다.

원래는 산이었던 곳이 바닷물에 잠긴 경우와, 골짜기였던 곳이 바닷물에 잠긴 두 가지 경우에 따라 리아스식 해안을 구분합니다.

리아스식 해안에서는 사람이 살아가기에 편리한 지리적 환경이 조성됩니다.

리아스식 해안에서는 산이었던 곳이 바닷물에 잠기면, 골짜기에는 많은 퇴적물이 쌓여 삼각주가 만들어지게 됩니다.

이 삼각주는 점점 커져서 사람이 살 수 있는 좋은 환경이 됩니다.

리아스식 해안에 사는 사람들은 교통 수단을 바다에 의존합니다.

리아스식 해안에서 파도에 의해 깎인 바위 조각들은 바다의 흐름을 따라 서서히 이동합니다.

바닷가에 접해 있는 곳을 흐르는 바닷물의 흐름이 강하다면, 해안에서 깎인 바위 조각들은 벼랑과 평

행을 이루며 이동하게 됩니다.

벼랑과 평행하게 이동하던 바위 조각들은 가끔씩

바다 위쪽으로 떠올라 다니기도 합니다. 이러한 것을 사취라고 합니다.

바다 위를 떠올라 다니는 바위 조각들은 만의 일부를 막아 버리기도 합니다.

바위 조각에 의해 만이 막혀 버리면, 만은 서서히 호수로 변합니다.

해안에서 쑥 들어간 골짜기 모양을 하고 있던 만이 입구가 막혀서 바닷물의 출입을 막아 버리면, 그 만 안에 갇혀 있던 물은 서서히 소금기를 잃어버리게 됩니다.

강에서부터 흘러 들어오는 물은 맛이 싱거운 담수이기 때문입니다.

만 안에서는 삼각주가 생기기 쉽습니다.

만 안에서는 파도가 세게 몰아치지 못합니다. 그래서 강으로부터 흘러 들어온 퇴적물이 쉽게 쌓일 수 있는 것입니다.

그렇게 되면 만 안에는 점점 퇴적물이 쌓여 바닥이 얕아지게 됩니다.

이렇게 생긴 섬은 바닷물 위에 떠 있는 바위 조각

인 사주와 연결되어 육계도를 이루기도 합니다.

육계도란 육지와 가까운 곳에 있는 섬이 바위 조각으로 이루어진 길로 연결되어 있는 곳을 말합니다.

육계도 중에는 섬과 연결된 바위 조각의 길이 두 개 생길 때도 있습니다.

이 때, 두 길 사이에는 호수가 생기게 됩니다. 이것을 석호라고 합니다

이러한 여러 작용들은 복잡한 해안선을 더욱 복잡하게 만듭니다.

빙하에 의해서 깎인 피요르트 해안은 리아스식 해안과는 다릅니다

피요르트 해안에서는 삼각주도 잘 만들어지지 않습니다.

그래서 피요르트 해안은 사람이 살기에 그리 썩 좋은 곳이 아닙니다.

바닷물의 높이가 별로 변하지 않는 곳도 있습니다. 이런 곳을 중성 해안이라고 합니다.

중성 해안에 속하는 것은 삼각주 해안, 화산 해

육계도
사주

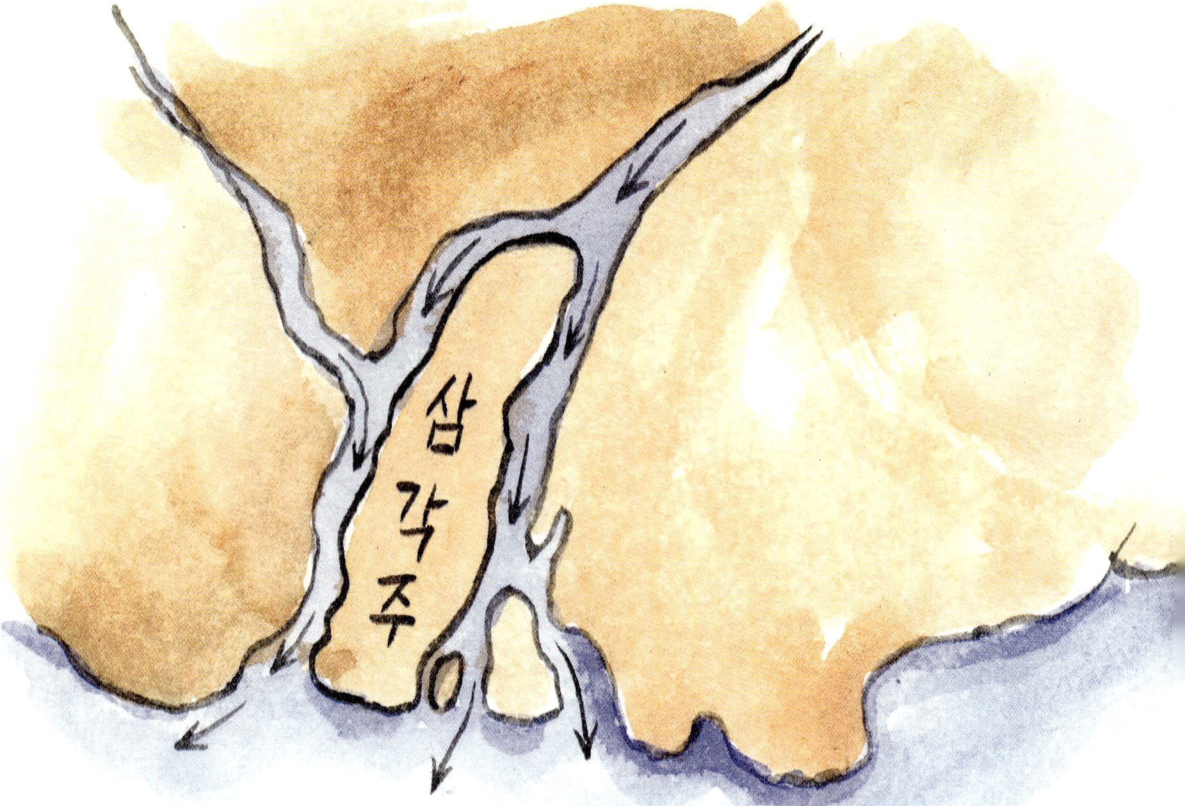

안, 산호초 해안, 단층 해안 등이 있습니다.

삼각주 해안은 삼각주가 많이 형성되어 있는 곳의 해안을 말합니다.

삼각주는 홍수의 피해를 많이 입고 있는 곳이기도

합니다. 그러므로 삼각주 둘레에 제방을 쌓아 홍수 피해를 막고 아울러 바닷물의 침입도 막습니다.

삼각주는 과일 나무를 재배하는데 적합하여, 복숭아나 사과를 재배하기도 합니다.

화산이 솟아 해안선이 동그랗게 되어 있는 곳을 화산 해안이라고 합니다.

화산이 폭발하여 용암이 바다 위로 분출될 때는 새로운 해안선이 생기게 됩니다.

화산 활동이 그치고 바다가 잠잠하여지면, 파도는 바다 밑바닥에서 새로 분출되어 바위가 되려고 하는 용암에 몰아칩니다. 해식 작용이 일어나는 것이지요.

그래서 오랫동안 활동을 멈춘 사화산이 있는 해안에서는 수백 m에 이르는 해식 절벽이 있는 경우가 많습니다.

단층해는 단층애가 바다로 다가선 해안을 말합니다.

이러한 곳은 교통이 불편하기가 쉽지만, 강물의 힘에 의해서 단층애가 침식되기 때문에 삼각주가 발달할 수 있습니다.

삼각주가 발달하면, 사람이 살기에 좋은 환경이 될 뿐만 아니라, 근처의 바다 깊이가 깊어 좋은 항구가 들어설 수도 있습니다.

해안 지방은 바다에 의해서 날씨 영향을 많이 받습니다.

해안 지방은 기온의 연교차가 육지 깊숙한 곳보다 적습니다.

해안 지방에는 바람이 많이 붑니다.

특히 저위도 지방에서는 일년 내내 고위도 지방의 따뜻한 계절의 영향을 받아, 불어오는 바람의 방향이 변합니다.

해안 기후는 바다에서 육지로 향하여 부는 바람이 있는 지역이 육지에서 바다로 부는 바람이 있는 지역보다 더 뚜렷이 나타납니다.

해안 지방은 육지 깊숙한 곳보다 수증기가 많고 습도도 높습니다.

바람이 불어올 때는 소금기가 같이 섞여 있기 때

삼각주는
벼농사에 좋아
해안사구는
어촌이 형성되기
좋지

문에 사람에게 좋지 못한 영향을 끼치기도 합니다.

바닷가뿐만 아니라, 큰 호수가 있는 지방에서도 해안 기후와 비슷한 기후의 특성이 나타납니다.

바닷가의 날씨가 바다의 영향을 받고 있듯이, 큰 바다 위의 날씨 또한 우리가 살고 있는 육지와는 다른 날씨의 특성을 갖습니다.

넓은 바다 위나, 섬의 날씨를 해양성 기후 또는 해양 기후라고 합니다.

해양 기후에서는 온도의 변화가 적습니다.

또한 최고, 최저의 온도가 나타나는 날이 육지에 있는 곳보다 훨씬 늦습니다.

즉 육지에서 가장 더운 달이 7월이라고 한다면, 바다 위에서는 8월이 가장 더운 달이 됩니다.

해양성 기후 지역에는 습기가 많고 비가 많이 내리며 공기가 맑습니다.

해안 지역에서는 해일의 피해를 받는 경우가 종종 있습니다.

해일은 바다 밑바닥에서 지진이 나거나 화산이 폭발할 때 일어나는 것입니다.

사람들은 보통 해일을 큰 파도라고 생각하고 있습니다.

그러나 해일은 파도가 아닙니다.

바다 밑바닥에서 지진이나 폭발이 일어났을 때, 엄청난 힘으로 솟구치는 바닷물을 바로 해일이라고 합니다.

해일의 피해가 큰 곳은 리아스식 해안입니다. 특히 V자 모양으로 생긴 만에는 아주 큰 해일의 피해가 자꾸 일어나게 됩니다.

해안에 마을을 이루고 사는 사람들은 보통 해안 사구 지형에서 모여 살게 됩니다.

바다에 접해 있는 해안 마을이라고 해서 모두 고기잡이를 하는 것은 아닙니다.

삼각주가 있는 곳은 원래 습기가 많아 벼농사를 하기에 적합합니다. 그러나 사람이 살기에는 적당하지 않습니다.

해안사구는 어촌이 형성되기에 적당한 조건을 갖추고 있습니다. 해안사구에 사는 어촌 사람들은 고기잡이와 농사를 함께 생활의 수단으로 삼고 있습니다.

즉 남자들은 바다로 나가 고기를 잡고, 나머지 가족들은 농사를 짓는 것입니다.

해안 마을은 바다를 끼고 있는 육지라는 사실이 무척 특이합니다.

바다는 해안 사람들이 개척할 수 있는 생활의 터전일 뿐만 아니라, 다른 곳으로 이동할 수 있는 교통수단이 되기도 합니다.

바다를 통하여 다른 지방의 물건이 들어오기도 하고, 낯선 문물과 접하게 되기도 하는 것입니다.

해안 지방은 파도와 강물에 의해 자꾸 변해 가고 있습니다.

파도는 육지를 깎아 내고, 강물은 자꾸 흙을 실어와 육지를 넓힙니다.

또한 바다 밑바닥 땅이 늘어나고 있기 때문에 땅의 모양이 변하거나 대륙이 움직이고 있기도 합니다.

빙하가 녹으면, 그만큼 바닷물의 양이 늘어나 잠기는 곳이 많아집니다.

그러나 지구의 날씨가 추워져서 빙하가 많이 생기면, 그만큼 바닷물의 양이 줄어듭니다. 홍적세라는 빙하가 많았던 시기에는 전체 바닷물이 100m정도 줄어들었다고 전해집니다.

이러한 바다의 변화는 우리가 살아가는데 많은 영향을 끼칩니다.

과학자들은 바다의 변화에 대해서 관심이 많습니다. 바다가 어떻게 변하느냐에 따라 사람이 살아가는 방법도 자꾸 변해가고, 새롭게 생겨나기 때문입니다.

바닷물에서 먹을 물을 얻읍시다

우리나라에서는 가장 흔한 것 중의 하나가 물입니다.

언제부터인가 공해에 시달려, 지금은 물을 그대로 먹을 수 있느니 아니면 먹을 수 없느니 갖가지 의견이 치열합니다.

이런 일들을 통해 우리는 물이 사람에게 얼마나 귀한 것인가를 깨닫게 됩니다.

지구 위에 존재하는 물의 양은 거의 일정합니다.

바다에서 증발하는 물은 다시 비가 되어 일정하게 내리기 때문입니다.

이제까지 사람들은 주로 빗물을 이용해 왔습니다.

빗물은 짠 성분이 없어 사람이 먹을 수 있습니다.

짠맛이 없어 사람이 직접 먹을 수 있는 물을 담수라고 합니다.

하늘에서 내린 빗물은 시내나 강물로 고여 땅 위를 흐르기도 하지만, 땅 속 깊숙히 스며들어 지하수로 고여 있기도 합니다. 사람들은 이런 강물이나 지하수를 개발하여 먹을 물로 사용하고 있습니다.

그러나 물이 아주 귀한 지역도 있습니다.

땅이 모래로 이루어져 있어 물이 고여 있지 못하고 땅 속 깊이 스며들어 버리는 지역들에서는 물을 보기가 아주 어렵습니다.

세계 인구는 지금 이 시간에도 지치지 않고 늘어나고 있습니다.

사람의 수를 대충 비교해 보아도, 몇년 전에 비해 지금의 인구가 엄청나게 늘어나 있다는 것을 알 수 있습니다. 문제는 여기에서 끝나지 않습니다.

늘어난 인구는 제자리에서 멈추는 것이 아니기 때문입니다.

21세기가 넘어 가면, 지구는 더 이상 사람을 주체할 수 없을 정도로 복잡하게 붐빌지도 모릅니다.

그 때가 되면, 숨을 쉬기에도 곤란해질지 모르는 일입니다.

사람은 이렇게 늘어나고 있는데 비해, 지구가 가지고 있는 자원이나 물의 양은 항상 일정합니다.

몇년이 지난 후에는 사람이 먹을 물이 줄어들어 심각한 문제를 낳게 될 것입니다.

한 나라의 문화 수준은 물을 얼마나 사용하느냐에 달려 있다고 합니다. 문화가 발달할수록 물을 사용하는 양이 많다는 것이지요. 이것은 물이 공업용수로 많이 사용되기 때문입니다.

일본은 몇년 전만 하더라도 1년에 사용하는 물의 양이 220톤이었다고 합니다. 그러던 것이 요즘에 들어서는 500톤으로, 약 두 배가 넘게 물이 없어지고 있다고 합니다.

일본은 세계에서 물이 많은 나라 중에 하나입니다. 하지만 이렇게 물의 사용량이 많아진다면, 일본으로서도 어쩔 수 없이 바닷물에서부터 담수를 얻어내어야 할 것입니다.

일본과 마찬가지로 미국도 물이 흔한 나라 중의

하나입니다.

그렇지만 미국에서도 공업용수, 농업용수, 먹을 물을 합하여 자연적으로 존재하는 물의 60%를 사용하고 있다고 합니다.

그러나 비가 많이 오지 않는 지역의 나라에서는 먹을 물을 얻기 위하여 항상 고민하고 있습니다. 물이 풍부한 미국이지만, 비가 많이 오지 않는 서부지역에서는 먹을 물이 부족해 많은 사람들이 고통스러워하고 있습니다.

물이 가장 적기로 유명한 지역은 누구나 다 알고 있듯이 사막이 많은 곳입니다.

얼마 전에 전쟁을 치뤄 유명해졌던 페르시아 만 지역의 여러 나라들도 자연적으로 존재하는 물이 없어 바닷물을 이용했습니다.

그러나 전쟁에 의해 바닷물이 오염되었기 때문에 페르시아 만이 있는 중동 지역의 여러 나라 사람들은 먹을 물을 얻지 못하여 고생하고 있다고 합니다.

바닷물에서 담수를 얻는 방법은 크게 세 가지가

있습니다.

첫째는 증발법입니다. 바닷물을 증발시켜서 담수를 얻는 것이지요.

바닷물을 펄펄 끓이면, 많은 수증기가 나오게 됩니다. 물 성분은 수증기가 되고 남는 것은 소금이겠지요.

이 수증기를 잘 가두어 식히면, 깨끗하고 맛이 싱거워 사람이 먹을 수 있는 물이 만들어집니다.

바닷물을 끓여 먹을 물을 만드는 것은 오래 전부터 전해져 내려오는 방법입니다.

뱃사람들은 이런 방법으로 오랜 바다 생활을 할 수 있었습니다.

그러나 이 방법은 바닷물을 끓이는데 필요한 연료가 많이 들어간다는 점에서 별로 환영받지 못하고 있습니다.

사람들은 바닷물을 끓이는데 필요한 연료비를 줄이기 위해서 나름대로 갖은 연구를 하고 있습니다.

칠레의 광산에서는 태양열을 이용하여 바닷물을 끓인다고 합니다. 이 방법은 돈이 적게 들기는 하지만, 맑은 날씨가 계속되는 곳이 아니면 사용할 수 없습니다.

또한 태양열을 이용하여 바닷물을 끓이면, 많은 물을 한꺼번에 얻을 수가 없습니다.

그러나 그리스, 멕시코, 인도, 스페인 등에서는 태양열을 이용하여 바닷물에서 먹을 물을 얻는 이 방법을 많이 사용하고 있다고 합니다.

증발법으로 많은 양의 물을 얻어내는 방법에는 여러 가지가 있습니다. 그 중에서 가장 유명한 것은 다단 플래쉬법 입니다.

열을 가해서 끓인 바닷물을 갑자기 센 힘으로 누릅니다. 그러다가 어느 순간이 되면 누르던 힘을 빼어 버리는 것입니다.

이렇게 하면 순간적으로 바닷물이 증발됩니다. 이 증발된 수증기를 모아 담수를 만드는 것입니다.

다단이라는 것은 압력을 몇 차례에 걸쳐 낮추어 물을 증발시키는 방법을 말합니다.

미국에서는 이 다단 플래쉬법을 이용하여 1톤의 물을 얻는데 200원 정도의 비용을 들인다고 합니

다.

다단 플래쉬법은 비용을 적게 들이는 방법입니다.

증유법에서 사용하는 연료는 석탄, 석유, 원자력 등입니다. 앞으로는 거의 원자력을 이용하게 될 것이라고 합니다.

바닷물에서 먹을 물을 얻는 두 번째 방법은 특수한 막을 사용하는 것입니다.

즉 물은 통과시키고, 소금은 걸러내는 특수한 막을 사용하여 바닷물에서 물과 소금을 나누어 내는 것입니다.

이러한 일을 하는 막은 두 가지 종류가 있습니다.

하나는 전기의 양전극과 음전극을 이용한 이온막법이란 것입니다.

모든 물질에는 전기의 양전극 성질과 음전극 성질을 가지고 있습니다. 이 두 성질이 굳게 결합하여 중간 성질을 띠게 되는 것이지요.

하지만, 특수한 장치를 이용하여 이 두 성질을 떼어 낼 수 있습니다. 전기의 양과 음을 가진 성질은 각각 고유한 성분을 지니고 있습니다.

미국에서는 이 이온막법을 이용하여 물을 얻어내는 실험 공장을 세워 가동하고 있습니다. 이 방법은 바닷물을 끓여서 담수를 얻는 증유법보다 훨씬 돈이 적게 듭니다.

이온막법 외에도 바닷물에서 소금과 물을 나누는

방법으로는 역침투법이라는 것이 있습니다.

역침투법은 그릇의 한가운데 특수한 막으로 칸막이를 하여 실시하는 것입니다.

칸막이를 한 한쪽에 바닷물을 넣고 센 힘으로 물을 밀어붙이는 것입니다.

그러면 특수한 막 사이로 물만 통과하여, 담수가 얻어지는 것입니다.

이 방법은 연료를 전혀 사용하지 않고도 물을 얻을 수 있다는 점에서 많은 관심거리가 되고 있습니다. 하지만 아직 많이 사용되고 있지는 않습니다.

실험단계에 있기 때문이지요.

바닷물에서 담수를 얻어내는 세 번째 방법은 냉동법입니다.

바닷물이 얼 때는 물만 얼기 때문에 소금기가 섞이지 않습니다. 그래서 바닷물을 얼려 생긴 얼음을 가져다 다시 녹임으로써 담수를 얻는다는 것입니다.

이 방법도 연료가 들지 않는다는 점에서 경제적이지만, 고체인 얼음을 다루어야 한다는 점에서 무척 불편합니다. 미국에서는 이 방법을 계속 연구하고 있다고 합니다.

물이 부족한 미국의 캘리포니아 주에서는 재미있는 생각을 해내어 연구 중에 있다고 합니다.

즉 남극에 있는 커다란 빙산을 배로 천천히 끌고 온다는 것입니다.

로스앤젤레스 앞바다까지만 빙산을 끌고 오면, 빙산을 녹여 많은 물을 얻을 수 있다는 것이지요.

이 계획은 우스갯소리가 아닌, 실현 가능성이 있는 이야기라고 합니다.

즉 남극에서 온 빙산은 로스앤젤레스 앞바다까지 오는 기간은 1년 정도 걸린다고 합니다. 그동안에 빙산은 절반 정도 녹아 버릴 것이라고 합니다.

그러나 남아 있는 빙산만 녹이더라도, 로스앤젤레스 시민이 1개월간 쓸 수 있는 물을 얻을 수 있다는 것입니다.

바닷물에서 담수를 얻는 것은 미국보다 영국이 더 빨리 시작한 일입니다.

보일러를 만드는 회사인 영국의 웨어 사는 1864년에 선박용 해수 증유기 제1호를 만들었습니다.

선박은 바다 위에 떠서 오랫동안 생활해야 하기 때문에 선박용 담수 장치부터 개발되었던 것입니다.

웨어 사는 지금 우수한 대형 담수화 장치를 만들어 수출하고 있습니다.

이스라엘에서도 아슈도드에 대형 담수화 공장을 세우려 하고 있습니다. 이 공장에 쓰일 연료를 원자력이라고 합니다.

물보다 석유가 더 많은 나라 쿠웨이트에서도 담수를 얻기 위해서 고민하고 있습니다. 아무리 석유가 좋다고 하더라도 사람은 석유를 마시고는 살 수 없습니다.

이렇게 보면, 석유가 많이 나는 것보다는 물이 풍족하게 많은 것이 더욱 행복한 것인지도 모릅니다.

그 행복을 지키기 위해서는 자연의 선물인 물을 깨끗하게 잘 지켜야 할 것입니다.

꿈꾸는 바닷속 신도시

2010년 7월 5일 인쇄
2010년 7월 10일 발행
엮은이 대한과학진흥회
펴낸이 신 주 황
펴낸곳 스완미디어
등록 제2-4534호
주소 중구 만리동2가 12-33 태영빌딩
대표전화 02) 393-0026
팩스 02) 312-8349

ISBN 978-89-92565-15-8

값 8,500원